历史的丰碑丛书

雕塑巨匠
罗丹

吴兴林　编著

吉林人民出版社

图书在版编目(CIP)数据

雕塑巨匠——罗丹 / 吴兴林编著 . -- 长春 : 吉林
人民出版社 , 2011.4 （2025.4 重印）
（历史的丰碑丛书）
ISBN 978-7-206-07635-0

Ⅰ . ①雕… Ⅱ . ①吴… Ⅲ . ①罗丹，A. （1840 ～
1917）—生平事迹—青年读物②罗丹，
A. （1840 ～ 1917）—生平事迹—少年读物 Ⅳ .
① K835.655.72-49

中国版本图书馆 CIP 数据核字 (2011) 第 037459 号

雕塑巨匠 罗丹

DIAOSU JUJIANG LUODAN

编 著 : 吴兴林
责任编辑 : 李沐薇 　　　　封面设计 : 孙浩瀚
制 作 : 吉林人民出版社图文设计印务中心
吉林人民出版社出版 发行（长春市人民大街 7548 号 邮政编码 : 130022）
印 刷 : 北京一鑫印务有限责任公司
开 本 : 787mm×1092mm 　1/16
印 张 : 8 　　　　字 数 : 72 千字
标准书号 : ISBN 978-7-206-07635-0
版 次 : 2011 年 4 月第 1 版 　印 次 : 2025 年 4 月第 3 次印刷
定 价 : 35.00 元

编者的话

"欲知大道，必先为史"。

回溯人类的足迹，人们首先看到的总是那些在其各自背景和时点上标志着社会高度和进步里程的伟大人物。他们是历史的丰碑，是后世之鉴。

黑格尔说："无疑，一个时代的杰出个人是特性，一般说来，就反映了这个时代的总的精神。"普希金说："跟随伟大人物的思想是一门引人入胜的科学。"

以史为鉴，面向未来。作为21世纪的继往开来者，我们觉得，在知史基础上具有宽广的知识结构、开阔的胸襟和敏锐的洞察力应是首要的素质要求，而在历史的大背景中追寻丰碑人物的思想、风范和足迹，应是知史的捷径。

考虑到现代人时间的宝贵，我们期盼以尽量精短的篇幅容纳尽量丰富的信息，展现尽量宏大的历史画卷和历史规律。为此，我们编撰了这套丛书。

编撰丛书的过程，也是纵览历代风云、伴随伟人心路、吸收历史营养的过程。沉心于书页，我们随处感受着各历史时期伟大人物所体现的推动历史进步的人类征服力量。我们随着伟人命运及事业的坎坷与辉煌而悲喜，为他们思想的深邃精湛、行为的大气脱俗而会意感慨、拍案叫绝。

然而，在思想开始远游和精神获得享受的同时，我们也随之感受到历史脚步的沉重和历史过程的曲折。社会每前进一步都是艰难的，都伴随着巨大的痛苦和付出。历史的伟大在于它最终走向进步，最终在血污中诞生了鲜活的"婴孩"。

历史有继承性和局限性，不能凭空创造。伟人也有血肉，他们的思想、行为因此注定了同样具有历史的局限性和阶级的、时代的烙印；他们的功业建立于千千万万广大人民群众伟大创造的基础上。历史是人民群众创造的，伟大的人物们是历史和时代造就的。同时，我们也无法否定此间他们个人的努力。这也正是我们编撰这套丛书的目的。

我们期盼着这套丛书得到社会的认同，对读者，特别是青少年读者之历史感、成就感和使命感的培养有所裨益。史海浩瀚，群星璀璨。我们以对广大青少年读者负责的精神，精心遴选，以助力青少年成长进步，集结出版了《历史的丰碑》系列丛书，敬请读者批评、指正。

历史的丰碑丛书

编 委 会

罗丹，这位轰动世界的雕塑巨匠，实在是一个永恒而又奇妙的形象。人们怎么也想不到，这位一代艺术大师小的时候是那么愚笨，家庭生活是那么可怜，生活经历是那么艰难，待人处世是那么固执，工作思维方式是那么奇特，而在成名成家之后，更是那么烦恼、忧郁、孤单、凄苦。正是这非凡的一生和艰难曲折的艺术道路，造就了一个非凡的艺术大师，促成了一件件惊世之作的诞生。生活在特定历史时期的这位大师是怎样从一个"留级生""落榜生"成为博士、院士以及一代艺术大师的？他的那些令人深思的作品是怎样构思创作出来的？

　　有人说：罗丹的胜利就在于他始终坚守着自己的作品。他用大自然的方法回答一切破坏：重振旗鼓和百倍努力地创作。

目　录

历史的丰碑丛书

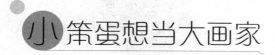

小筆蛋想当大画家

> 只有"性格"的力量才能造成艺术的美。
>
> ——罗丹

　　1840 年 11 月 12 日，住在巴黎市阿尔巴莱特大街 3 号的一户人家，出生了一个长得结结实实、有着一头红发的男孩。

　　婴儿的父亲叫让·巴蒂斯特·罗丹，是一位法国农民，后来从诺曼底跑到巴黎来谋生，现在是一名下级警务部门的公务员。他已经有了两个女儿，大的叫克洛蒂尔德，小的叫玛丽。他对女儿不感兴趣，一心盼望着能有个儿子，他做梦也没有想到，在自己 38 岁的时候，居然还能抱上宝贝儿子。他兴致勃勃地去区里给儿子登记。

　　他和妻子都不会写字。他把妻子的妹妹泰蕾兹请来替他填写登记表。

　　"你给孩子起什么名字呢？"泰蕾兹问。

　　"我们就叫他'弗朗索瓦·奥古斯特·罗丹'吧。"婴孩的父亲说。

←思想者

"我喜欢奥古斯特这个名字。"泰蕾兹姨妈说。

罗丹家住的那个地方，比贫民窟好不了多少，娼妓成灾，用鹅蛋石铺成的街道曲里拐弯，就像迷宫似的。街道旁边有一幢又破又旧的大楼，罗丹家在大楼的第五层租用了几个房间。从楼下到家门口，足足有101级楼梯。但是，这条街离巴黎大学和巴黎圣母院很近。巴黎圣母院是巴黎的著名教堂，是欧洲早期哥特式建筑与雕刻的主要代表，教堂正面一对塔楼高约60米，教堂内藏有13至17世纪的许多艺术珍品。

新生儿的父亲想：自己为什么这么贫穷？不就是因为不识字吗？那些当上高级警官的人，年薪多，生活好，不就是因为有文化吗？对了，为什么不让儿子也学文化呢？他暗暗下定决心，等儿子长大了，要送他上学，要让奥古斯特受到良好的教育。

转眼间，奥古斯特长到了5岁。奥古斯特常常由泰蕾兹姨妈照看。姨妈是画家德罗林的管家、模特儿。一天，她从德罗林那里偷偷拿来一些绘画铅笔，作为礼物送给奥古斯特。

此时的奥古斯特长得矮矮胖胖，一下就被那些黑色的绘画铅笔迷住了。这些铅笔，能够画出一条一条清清晰晰的线条，真是太棒了。他想画画。画谁呢？先画爸爸。他找来几张牛皮纸，那是妈妈买菜时包马

←戴圆锥帽的卡缪

铃薯拿回来的。他盘腿坐在餐桌边，小手捏着铅笔画了起来。他画了一道又黑又粗的曲线，很像爸爸抿着的双唇，还带着点忧伤的模样。接着，他画身子，画爸爸那又短又肥的裤子、满是褶皱的外衣，还有那宽宽的皮带。泰蕾兹姨妈看了高兴地说："画得真好。下次我给你拿些颜料来。"奥古斯特咧嘴笑了。

后来，妈妈买菜回来时，他又把包装纸拿来画画。鱼是用报纸包的，报纸上有图画，他就在图画上面描。最使他高兴的是，妈妈买的奶油、乳酪和鸡蛋这些东西是用白纸包的。在白纸上面画画，甭提有多美了。他画爸爸，画妈妈，画姨妈，还画两个姐姐。

忽然，妈妈叨咕着问他："奥古斯特，包装纸都弄到哪儿去了？我们家都没有什么生火了。"从此以后，妈妈买菜回来就把包装纸藏起来了。

有一天，妈妈买菜回来，当她从篮子里把白色的乳酪从洁白的包装纸中取出时，没有发现那张白纸掉到了地上。妈妈刚一转身，奥古斯特赶紧拿出一支铅笔，趴在地板上画起来。不巧，爸爸回来了。爸爸严厉地说："奥古斯特，站起来！"说着从奥古斯特手下拿走那张纸，揉了揉就往火炉那边一扔，然后叹了口气，在桌子旁坐了下来。

奥古斯特悄悄地把那张纸捡了回来，展开抚平，

←跌倒的人

又开始画起来。爸爸正在吃饭，奥古斯特一不小心碰到了桌子腿上，把汤弄洒了。爸爸一看，奥古斯特又趴在地上画画，很生气，就一手拿过皮带，对奥古斯特说："把那张纸扔到火里去！"奥古斯特把他画的画塞进火炉里，心里难受极了。

爸爸又喊一声："还有那些铅笔。快点！"

"求求你，爸爸！"奥古斯特眼泪汪汪。

"马上给我扔！"

吓得脸色苍白的奥古斯特只得把画图的铅笔放进了火炉。

爸爸余怒未消，不让奥古斯特吃饭，还教训说："不准你再糟踏包装纸！如果我再发现家中有什么图画，就非把你打死不可。我得送你去上学，要不你真会成为一个白痴的。"

奥古斯特没有了铅笔，没有了白纸，但他还是想着画画。爸爸不在家的时候，他就拿起几块烧火炉的木炭，跑到外面，在胡同的墙壁上画起来。

过了几年，奥古斯特被送进了一所教会学校。上学的第一天，奥古斯特兴高采烈地跑到学校，但是，学校那灰暗阴森的外貌，还有那些教师的一张张严峻冷漠的面孔，使他吓了一大跳。这是一所穷人的学校，教育方法十分落后，学校课程的中心是宗教教育。在

←浪子

学校里，奥古斯特怎么也记不住那些机械的教义问答。老师讲算术，他理解不了；老师讲拉丁文，他讨厌。至于阅读、写作、地理、历史和文法等课，因为他双眼近视，影响听课，各科成绩都不好。学校里禁止学生搞美术，可奥古斯特偏偏喜欢画图画。有一次，奥古斯特画了一幅神圣罗马帝国的地图，老师发现后就用戒尺狠狠地打他的手，小手肿得像馒头，有一个星期的时间连笔都不能拿。老师第二次发现他画画时，就用鞭子把他抽了一顿。他没有屈服，把老师那毫无人情、铁板着的面孔画成了漫画。自然，奥古斯特成了学校里最差的学生。

在奥古斯特9岁的时候，他们住进了圣雅克街一幢条件好一点的房子，每个房间都有两扇玻璃窗。而且，房子外面有座神像，是罗马神话中的爱神丘比特。奥古斯特一看就着迷了，就画这尊神像。爸爸一把从他手里夺过纸，大声嚷道："你成绩这么差，还乱画画，我真不知该把你怎么办才好。"

这个9岁的小孩，当他画画的时候是那么地愉快，而不画画的时候，世界上的烦恼就一齐朝他奔来。没有办法，他开始逃学，但很快被爸爸发现了。爸爸用皮带把他狠狠地抽了一顿后，决定把他送到叔叔亚历山大办的学校里去。

←流逝的爱

亚历山大叔叔的学校在农村。他看了奥古斯特后，觉得侄儿是个机灵聪明的孩子，只要好好教育，学习成绩会好的。但是，4年过去了，奥古斯特除了身体长高了以外，什么也没有学成。叔叔宣告失败，只得把侄儿送回家。

奥古斯特14岁了。爸爸说，读书不成，就找个工作做。爸爸问他："想干哪一行？"奥古斯特说："我想去画画。"

爸爸气得嚷了起来："画什么画？我可没有钱供你去胡闹。要是你识字的话，我还可以替你在警察局找个事干干，可你……"

"我不想当警官，我想学美术。"

"罗丹先生是想上美术学院罗？"

"不，爸爸，没有受到适当训练我是上不了美术学院的。"

这时，小姐姐玛丽站出来为弟弟说话了："爸爸，他也许该去学美术的。"

"不！"爸爸咬了一大口牛肉，一边嚼着一边说，"画家，光巴黎就有几千个,可他们能吃到这样好的饭菜吗？"

正在这时候，大姐姐克洛蒂尔德回家来了。克洛蒂尔德长得漂亮，但很任性，老是不在家，正在和一个富有家庭的小伙子谈恋爱。爸爸大骂了她一顿，她就气得离家出走了。爸爸担心唯一的儿子也出走，对奥古斯特的态度就和缓了下来。小姐姐玛丽抓住这个时机赶紧对爸爸说："我知道有一所免费的美术学校，就是工艺美术学校。"

爸爸问："那他在这儿吃，在这儿住，谁给他付钱呢？"

玛丽说："我可以给他想办法。"看着爸爸吃惊的模样，玛丽又说："爸爸，这所学校培养的是描图员，不是画家。他在那里也是学门手艺呢！"

爸爸问："你怎么知道的？"

玛丽红着脸说："我遇到了一个青年，他叫巴努万，就在那个学校。"停了停，玛丽又说："如果奥古斯特从这所学校毕业，他就可以当一名雕刻师或者家具木工。"

爸爸大声说："他什么都毕不了业。"接着又对玛丽说："你怎么知道那个学校会收他呢？"

玛丽点点头，肯定地说："会收的。"

"那好吧！你能给多少钱就算多少钱。"爸爸同意了。

奥古斯特高兴地向玛丽跑去，吻了她，随后又和妈妈拥抱。他也想吻一下爸爸，但爸爸却嘟嘟哝哝地说："一个女儿是贱货，一个女儿是天使，儿子却是个大笨蛋。"

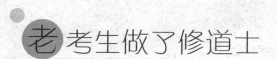老考生做了修道士

> 美是到处都有的。对于我们的眼睛，不
> 是缺少美，而是缺少发现。美，就是性格和
> 发现。
>
> ——罗丹

巴努万才17岁，是工艺美术学校二年级的学生。他高高兴兴地把奥古斯特领到学校去。

工艺美术学校坐落在学校区，附近有医药学校、巴黎大学、美术学院和天文台。巴努万告诉奥古斯特，工艺美术学校是一所学习装帧艺术的学校，他还要争取进美术学院学习。奥古斯特说："我想当画家，我也要争取进美术学院学习。"

奥古斯特被带到一位叫作奥拉斯·勒考克的老师面前。

老师问："是什么使你认为自己能成为一名画家？"

奥古斯特回答："我从5岁起就开始画画了，是在包装纸上画的。"

"噢，又一个穷孩子。那你为什么不早来呢？"

←冥想

"我在学校读书，学拉丁文和算术。"

"白费时间，对不？"

奥古斯特点点头，对老师的理解表示感激。

老师又突然说："这里有两种学生，一种是制图员，他们想循规蹈矩，通常的结局就是考上美术学院，临摹临摹古典名作；第二种学生，他们是难得的几个，你永远也不知道他们来自哪里。就是这些人，像伦勃朗一样，学会了通过自己的眼睛去观察事物。"

伦勃朗是荷兰画家，善于用概括手法表现人物的性格特征，擅长用聚光及透明阴影突出主题。

接着，老师又要他随便画些画。画没有画完，老师就对他说："你刚才说叫什么名字？"

"罗丹。奥古斯特·罗丹。"

"你可以进上午的入门班。"

在入门班里，勒考克老师说，首先必须学会按照记忆来作画，这是一种观察方法的训练。画不一定都得漂亮，但必须有生气。他还教授了各种绘画技术。有一天，他说："最重要的是，我们必须重视人体的尊严和完整。"奥古斯特就画人体素描，但怎么也画不出来。老师就对他说："你可以晚上来上人体写生课，照着模特儿画。"

晚上上课的人比白天多，学生的年龄也大些，吵

←呐喊

吵嚷嚷的。这天晚上画的是女性裸体模特儿。奥古斯特眼睛近视得厉害，又很难挤到前面去，因此看不清模特儿，画得很慢。等他挤到跟前能够看清模特儿时，下课的时间到了。老师就让他在家里把作业画完。

第二天晚上，奥古斯特坐在厨房的方桌边画那张画。他画得太专心了，爸爸站到身后也不知道。

"天哪！"爸爸盯着那张没有画完的画，简直不敢相信自己的眼睛。"你画的是什么？"

"一个女性人物像。爸爸，这是学校的作业。"奥古斯特向爸爸解释，说明绘画就是这么学的。

爸爸根本不听，气得咆哮起来："天哪，我怎么养了这么一个儿子！鸡蛋和面包都涨价了，可你却在画光屁股女人！"爸爸伸手要夺那张画，儿子赶快把它塞到衬衣里。

爸爸的呼噜声响起来了，奥古斯特悄悄地起床，重新点上一支蜡烛，又画那张画。突然，只听"嘘"的一声，他发现姐姐玛丽站在他的身边。

"那是谁？"

"写生课的一位模特儿。"

"看起来像真人一样。"

听到姐姐的称赞，奥古斯特自豪地笑了。

后来，学校又常常带学生到卢浮宫去学习和临摹

←殉难者

大师的名画。卢浮宫是世界闻名的绘画雕塑杰作的宝库，奥古斯特一看就着了迷。当他第一次看到达芬奇、提香、拉斐尔、鲁本斯、伦勃朗和米开朗基罗这些艺术大师的作品时，那充满求知欲的眼前顿时呈现出一片五彩缤纷的天地。他特别喜欢米开朗基罗和伦勃朗，每当他站在这两位大师的绘画和蚀刻前时，双眼就会情不自禁地涌出泪水。他有时临摹，有时根据记忆复制，渐渐地这两种方法都能运用得得心应手了。

勒考克老师见奥古斯特的素描很有点卢浮宫的味道了，就让他上油画班，学习画水彩画和油画。但是，他家实在太穷了，买不起颜料和画布。勒考克觉得，奥古斯特是最好的学生之一，绝不能为缺钱就毁了他的前途。老师又把学生带到了雕塑室。

奥古斯特在雕塑室里，双眼盯着那些湿乎乎的黏土、一堆堆的胶泥、赤褐色的陶土和一块块的大理石，还有那些梯子、支架和刀具。在这个新世界里，他突然感到自己被这些石头吸引住了。这里放着许多著名雕像的仿制品，它们是那么美，那么富有力感，他真想伸手去抚摸一下。他浑身充满了新的激情，心里默默地呼唤：我爱雕塑。

在雕塑室里，他日复一日地工作着，对着石头雕啊，雕啊！石头又硬又冷，对他来说却有一种诱人的

←尼金斯科

暖意。勒考克老师给他弄到了颜料，让他去油画班，他却表示要留在这儿工作。

"你想当雕塑家吗，罗丹？"老师问。奥古斯特点点头。

老师又说："这可是个很可怜的职业。眼下这些日子，雕塑品的唯一买主是政府和博物馆。雕塑这门艺术吃不开了，而材料却十分昂贵。"

奥古斯特说："也许是这样。但我一定要用石头来创作。先生，就答应我留在这儿吧。"

老师答应了："留在这儿吧，但是你还要到写生班去。最重要的是，你必须学好素描。"

奥古斯特向老师表示了深深的谢意。回到家里后，他又兴奋地对父亲说："爸爸，我现在打算当名雕塑家了。"爸爸两眼望着天说："你疯啦？要成为雕塑家得多长时间？一年？"奥古斯特说："5年，如果我能有所进步的话。爸爸，学习是免费的。"

这时，玛丽又主动地说："爸爸，他的食宿费还是我来付。"

爸爸无可奈何地说："你死的时候会比我更穷。记着，一定要学会石匠活，要不你可要挨饿呢！"

勒考克被学生誉为巴黎最好的老师，但他对法兰西学院非常厌恶。他常常向学生讲："你们绝大多数人

← 欧米哀尔

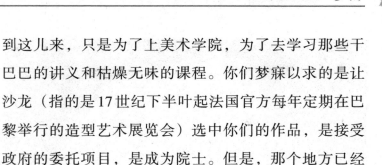

到这儿来，只是为了上美术学院，为了去学习那些干巴巴的讲义和枯燥无味的课程。你们梦寐以求的是让沙龙（指的是17世纪下半叶起法国官方每年定期在巴黎举行的造型艺术展览会）选中你们的作品，是接受政府的委托项目，是成为院士。但是，那个地方已经没有什么创造力，没有什么生命力了。在那里干什么都是循规蹈矩，四平八稳的。"

奥古斯特认为勒考克是个杰出的人物，但他还是决定报考美术学院。在以后的几年中，奥古斯特没日没夜地刻苦学习。天刚亮，他就赶到勒考克的工作室，老师给他安排好一天的工作；晚上9点到12点，进行雕塑；中午，他匆匆忙忙地越过美术大桥到卢浮宫。他几乎没有钱吃午饭，常常是一边啃着面包，一边从巴黎的一头赶到另一头。他总是吃不饱，经常疲惫不堪，但他坚持用近乎疯狂的速度工作、学习。如此艰苦地过了3年，他觉得可以投考美术学院了。

那时，报考美术学院需要有人推荐，奥古斯特就去找他的老师勒考克。老师说："我的名字在那里是受到诅咒的。你先塑个头像吧，我为你找个合适的人来推荐你。"

奥古斯特请求爸爸当他的模特儿，花了一个多月的时间用泥团塑出了一个头像。那天，勒考克带着伊

←奥尔菲斯和尤里底斯

波利特·曼德隆来到家里看他的作品。曼德隆是位著名的雕塑家。爸爸认为那个头像塑得太难看了，没有人会说好的。但是，曼德隆绕着头像走了一圈后大加赞扬说："有比例，有深度，没有经院雕塑家的通病，没有把塑像当一幅画来处理。"并当即表示愿意在申请书上签字。

美术学院的招生考试开始了，奥古斯特满怀信心地赶去参加。报考雕塑专业的学生在一个圆形的大厅里考试。大厅的四周摆满了光滑而无生气的罗马人物像。大厅的中央有个中年的男模特儿，考生们分布在模特儿的四周。考试规定，每天塑两个小时，要在6天内完成整个人像。第二天将近结束的时候，他还在纸上画着草图，而大多数考生已经塑完了一半。他瞧了瞧，觉得那些塑像光滑而无生气，就像大厅四周那些塑像一样。模特儿的肌肉是松垂的，如果塑得平滑，那就成了虚构，是错误的。他要按自己的理解去雕塑。到了考试的最后一天，他的塑像还没有完成，但他认为自己塑的像是所有像中最好的一个。主考人是美术学院一位很有名望的教员，他摇摇摆摆地朝奥古斯特走来，对那尊塑像看也不看，两眼直勾勾地看了奥古斯特一阵后说："请你让开一点。"奥古斯特满怀希望地站到一边，只见主考人在考试表格上写下了两个清

晰的大字：落选。

第二年，奥古斯特又去参加考试。他吸取了上次的教训，仿照大厅四周那些罗马人物塑像来塑他的人像，而且按时完成了。然而，主考人还是写了"落选"两字。

第三年，奥古斯特仍不死心。他用传统的希腊风格进行创作。作品完成后，别的考生都投来嫉妒的目光。正在奥古斯特洋洋得意的时候，主考官在他的名字旁边写下了一行字：此生毫无才能，继续报考，纯系浪费。

奥古斯特只觉脑袋"嗡"地一声，眼前什么也看不见了，泪水从眼眶里涌了出来。他只觉得，自己要当雕塑家的美好梦想，破灭了！

在考场的出口处，好朋友凡天向他打招呼。凡天已经考入了美术学院，但对美术学院的教育很不满。凡天一看奥古斯特沮丧的表情，就知道他又一次落选了，这是在他意料之中的。凡天对他说："罗丹，你是个天生的雕塑家。但是，因为你是勒考克的得意门生，所以他们是永远也不会录取你的。勒考克是他们的对头，录取了你不就等于他们赞成勒考克那一套了吗？"

奥古斯特恍然大悟，叫了起来："你为什么不早告诉我呢？"

凡天平静地说："早告诉你有什么用呢？难道你会

→蹲着洗澡的女人

离开勒考克吗？"

是的，勒考克是那样地杰出，是最好的老师，他怎么能离开呢？

凡天又问："你现在想干什么？"

奥古斯特伤心透了，说："雕塑算是完了。我得挣钱糊口。没有美术学院的学位，谁也不会要我塑像的。"

"还是去跟老师谈谈吧。勒考克也许会给你启发。"凡天建议说。

奥古斯特来到了老师的面前，有意思的是，勒考克认为落选不是什么悲剧。他大声地说："这是你可能遇到的最好的事情，罗丹。美术学院已经变成一所古典主义的学校，那里塑出来的东西，千篇一律，毫无感情，看了叫人恶心，全是骗人的东西，单调极了。"

老师停了停又说："从我这里，你已经学到了你能学到的一切，我给你介绍个合适的工作吧。"

在老师的推荐下，奥古斯特替一个装潢师干活，主要是点缀美化楼房建筑，工资非常低。

奥古斯特一边干活挣钱，一边仍然不时地听勒考克讲课。他怀疑自己永远成不了正式的雕塑家，但又放弃不了雕塑。如果有一天不花上两个小时用黏土进行创作，他就会觉得问心有愧，好像虚度了年华。在自己的房间里，他天天工作到深夜。

女裁缝赠送破马厩

　　伟大的人物，常因不断的思考自己的作
品而忽略日常生活。
　　对于那些浅薄的观察家来说，善于辞令
是聪明伶俐的唯一标志。

——罗丹

　　奥古斯特又遇到了一个极大的不幸。

　　一天夜里，奥古斯特撞见二姐玛丽一个人在偷偷
地哭泣，痛苦万状。玛丽告诉他："巴努万要和别人结
婚了。"

　　奥古斯特简直不敢相信自己的耳朵。他知道，姐
姐爱巴努万，巴努万也爱姐姐。这两年中，几乎每个
星期天他俩都要约会。

　　"消息确切吗？"他问。

　　"是他告诉我的。我没有嫁妆，而那个姑娘有两万
法郎的嫁妆，足够他花几年的钱。"玛丽说。

　　"我去找他谈谈。"奥古斯特愤愤不平。

　　"不，不。"玛丽悄声说。"他爱我，我敢肯定，但

←青铜时代

他受不了穷。奥古斯特，我要去当修女。"

一听说玛丽要去当修女，一想到要失去她，奥古斯特痛苦难忍，说："玛丽，这是你所希望的吗？"

玛丽抽泣着说："我所希望的我不能得到呀！我还能上哪儿去呢？"

玛丽离开家时，表面上显得镇静自若。但奥古斯特同她最后一次拥抱时却感觉到她的全身都在颤抖。

玛丽进了女子修道院后，洁身守道，安分顺从，决心把自己献给上帝。但是，她忘不了巴努万，脸色越来越苍白，身体越来越消瘦。过了两年，她再也挺不住了，修道院把已经奄奄一息的她送回了家。奥古斯特干什么都没有心思了，一直守在玛丽的身边。他怕玛丽离去，但玛丽还是很快离去了。他瞧着僵硬的玛丽，流下了平生以来最为悲伤的眼泪。

玛丽是那么地善解人意，和他是那么地心心相通，她是奥古斯特唯一可以信赖的人。玛丽的死，对奥古斯特的打击太大了，他的脑子乱极了，没有心思工作，没有勇气进行雕塑。他决定进修道院，去顶替玛丽的位置。

奥古斯特穿上了褐色的教士长袍。在修道院里，他遵守教规，干最累最脏的活。他竭力摆脱虚荣、进取、自负和情欲的诱惑，他要在孤寂和祈祷中寻求

安慰。白天，他忙于祈祷、干活，倒还能忍受。但一到晚上，他总是辗转反侧，不能入睡。他祈求上帝的指引，但脑海中却充满了他想雕塑的东西：十字架上的耶稣、《圣经》中那位从良的娼妓马格德林，还有那位耶稣最喜爱的门徒约翰。他，变得越来越忧郁愁闷。

这一切，没有逃过修道院院长埃马尔神父的眼睛。埃马尔神父是一位享有盛名的学者，他觉得奥古斯特不适合当教士，应该当雕塑家；他还敏感地意识到奥古斯特需要用他的手进行创作，就特意安排他到花园里去干活。有一天，奥古斯特在花园的小屋外找到了一块木头，就情不自禁地刻起人像来。当人像快刻完的时候，突然发现神父站在他的面前。他等待着严厉的处罚，想不到埃马尔神父却慢条斯理地问他："奥古斯特兄弟，你想要一些黏土吗？"

奥古斯特脸红了，结结巴巴地回答说："嗯，想要，非常感谢你。"

埃马尔神父告诉他，可以在这个小屋里搞雕塑。奥古斯特一惊，随即跪下请求："你能摆好姿势让我塑个像吗？"

埃马尔神父说："雕塑的愿望使你不得安宁，对吗？好吧，站起来吧，孩子，你这样可是没法替我塑

↑神的使者

像的。"

奥古斯特开始为神父塑像了。他不加以美化，而是努力抓住埃马尔神父的本质特征，并按照自己的感受把它表现出来。头像塑好后，埃马尔神父很满意，说："它使我看到了我普普通通的长相，使我免于自负，但它又充满了感情，使我感到我是个人，真正的人。"默默地站了一会儿后，他又温和地对奥古斯特说："并不是所有的人都适合于过忏悔祈祷生活的。我认为你应该回到尘世，去进行雕塑。在这里你会失去生气的。"

"那我当初为什么上修道院来呢？"

"因为你在寻求安慰。但你所需要的却不是安慰，而是信仰和希望。"

奥古斯特会心地笑了。

几天以后，奥古斯特离开了修道院，结束了为时一年的修道士生活。他快23岁了，他不愿回家，又到工艺美术学校去找勒考克老师。

他对老师说："我离开修道院了，我以为你会高兴的，先生。"

老师冷冷地说："只有在我的学生创造出优秀的作品时，我才感到高兴。"

"我能在这里进行创作吗"

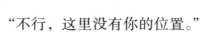

"不行，这里没有你的位置。"

"哪里都没有我的位置。我不能在家里工作，我又置不起工作室。"奥古斯特痛苦地闭上了眼睛，强忍着不让自己放声大哭。

勒考克双眼盯着奥古斯特。在他所有的学生中，眼前这个学生所表现出来的才能是很罕见的，但要使他的才能发挥出来，还要经过长期而艰苦的磨炼。他说："我也搞过美术，我的工作室曾经是我的生命。现在，我欢迎你到那里去创作。如果我不在家，钥匙就在门槛下面放着。"

奥古斯特眨着满是泪水的眼睛说："我该如何感谢你呢？"

"创作！创作！创作！"勒考克叫起来。"直到你觉得手都要累得掉下来时为止。"

当天晚上，奥古斯特回家看望父母。他告诉他们，他已经离开修道院，但不能待在家里，他已经租了一间房子。他要为自己开创生气勃勃的事业。

奥古斯特租的房子很小，就像一只鸽子笼。他使用勒考克的工作室，干的装饰工作很使他感到单调和乏味。但是，他一旦进入了盖布尔咖啡馆，就会感到自己是个艺术家。这是因为，他的一帮朋友——美术家，经常在这里聚会。这些年轻人才华横溢，后来一个

个都成了画家，可在当时，由于社会上的种种偏见，他们的作品不被重视，沙龙——法国官方每年定期在巴黎举行的造型艺术展览会拒绝展出他们的作品。因此，他们一个个愤愤不平，志向很大，聚在一起，谈话热烈而投机。为了让自己的作品能够展出而让人们看到，他们提出了一个计划：举行"落选画家展览会"。这个计划居然得到了拿破仑三世皇帝的同意。凡天、马奈、卢古罗、达鲁、巴努万等人纷纷准备把自己的作品送去展出。奥古斯特也决定塑一尊头像送去展览。这个想法使他精神振奋。

他想找一个漂亮、出名的模特儿，但他实在是没有钱。他好不容易雇了个模特儿，那是个乞丐，报酬是一碗汤，再偶尔喝点酒。

乞丐叫毕比，有个塌鼻子，整个形象倾诉着贫穷、凄凉和衰老。他先画了十几张草图，对那个塌鼻子特别感兴趣，脑子里有了毕比的形象，就开始塑像。他夜以继日地干，塑了改，改了塑，直到"落选画家展览会"上交展品截止的那一天，他还是没有塑完。奥古斯特很伤心，想把这个头像毁掉。勒考克老师制止了他，对这个头像评价很高，对他说："你肯定已经摆脱了学院派头像的影响。你没有想到这个鼻子不应当塑上鼻梁骨吗？"奥古斯特立即说："我愿意试一试。"

→圣堂

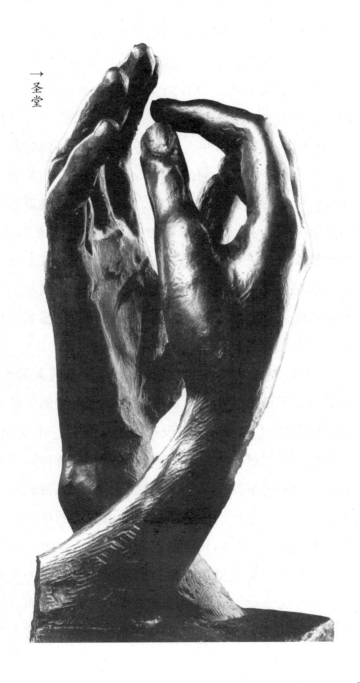

勒考克笑了，说："你应当试试各种各样的方法，直到你找到自己的方法为止，那就是你自己的方法。"

听了老师的话，奥古斯特又重新加工那个头像，赶不上参加"落选画家展览会"也心甘情愿。

在以后的几个月里，奥古斯特比以往任何时候都忙碌。他要干装饰匠的活来维持生计，还要购买黏土并支付毕比的酒钱。一有时间，他就疯狂般地进行雕塑。有多少个夜晚，他累得想躺下休息一会儿再干，但却和衣睡过去了。终于，头像——《塌鼻人》完成了。他在这个头像中倾注了全部心血，并在底座上刻上自己的名字：奥·罗丹。这是他的第一个签名，也是他的第一个杰作。

《塌鼻人》，那是一个渐渐老去的丑怪的人的头，塌了的鼻子更增加了脸上沉痛的神气，生命的丰盈全部聚拢在眉目里。头像上没有一根线条、一个交错、一个轮廓不经过作者的审视或熟筹。观赏者可以想象某些皱纹来得早些，某些来得晚些，以及无数充满了痛楚的年代，怎样在那些纵横于这个脸上的许多裂缝之间流过去了。我们几乎难以想象，这一切怎么能够在一个小小的脸上呈现出来，而那么一个沉痛的无名的生命又怎么能够从这一作品中产生出来。然而，这个传世的杰作，在当时，就因为出自一个无名之人的手，就被人们不屑一顾了。《塌鼻人》被1864年沙龙展览会拒绝了，理由是造型过于古怪。奥古斯特大失所望。

有一天，奥古斯特正在为一家剧院雕刻女像柱和门楣上的叶饰，突然发现走过来一个温雅健美的年轻姑娘。姑娘是个工人，但走路的样子很有风度，昂首挺胸，显得十分高傲。他不禁停下手中的活，两眼盯着那位姑娘，心里想：啊，多美！以她为模特塑一个像，该有多好！他脱口而出："小姐，你走路的姿势多漂亮呀！"

姑娘满腹狐疑地问道："你为什么对我走路的姿势感兴趣呢？"

"我是位美术家。"

"你看起来可不像个美术家。"

"我是搞雕塑的。你是做什么的？"

"我是个裁缝。"

姑娘说着走开了，奥古斯特赶紧跟了过去，又走到她的前面，堵住了她的路。

"小姐，你愿意给我做模特吗？我想塑你的头像。"奥古斯特对姑娘说。"如果你愿意的话，我可以请你吃饭。"他付不起雇模特的钱，只能这么说了。

姑娘觉得眼前的这位小伙子比她以往遇见过的任何男人都更有吸引力，一点没有架子，而且，他那种羞涩而又诚恳的样子使她打消了任何疑虑。她点头同意了。

"该怎样称呼你呢？"

"人们都叫我罗斯。"

"我叫奥古斯特·罗丹。到时候我在这里等你。"

罗斯如约而来，奥古斯特直接把她领到勒考克的工作室。罗斯一看这间工作室又脏又乱，心里暗暗吃惊。奥古斯特生好炉子，点上灯，让她坐下来开始塑像。

"我饿了！"罗斯说。

"那好哇！那将使你表现出更加丰富的感情，而且过一会儿吃起饭来会更香的。"他鼓励罗斯讲话，他一遍一遍地画着草图，直到很晚很晚了才带罗斯去吃饭。他只要了很少一点饭菜，罗斯也只要了一点点。奥古斯特非常感激罗斯能够考虑到他那可怜巴巴的钱包。

在以后的一连几个星期里，罗斯经常为他做模特儿。罗斯觉得奥古斯特对她很冰冷。罗斯不恰当地动一下，他会发脾气；当她称赞他塑的头像时，他会厉声地说："还没搞好呢！"但是，当她不想再当模特儿要离去时，他会嘟哝着说："原谅我吧，罗

↑苏醒

斯，我的小朋友。"

罗斯发现，奥古斯特对她的头感兴趣，而对她这个人却一点兴趣也没有。为此，她要求星期天搞一次野餐。

星期天，他带罗斯到卢森堡公园去。这个公园有巴黎最好的户外塑像，离工作室也很近。游公园时，奥古斯特领着罗斯专门看塑像："海神尼普顿、猎神狄安娜，还有皇后、诗人，等等。罗斯开始时还有些兴致，后来慢慢冷淡下来了。她很盼望两人能谈谈男女之间的事。为了改变话题，她问："你是个巴黎人，我猜你一定认识很多女人，是吗？"

他一听，说："我有过好几百个情人了。"

罗斯一惊："好几百？"

他说："是的。我动手创作的每一尊塑像，我所崇拜的每一尊塑像，都是我的情人。"

"噢！"罗斯松了一口气，放声大笑起来。

奥古斯特目不转睛地盯着她，等她笑完了，就说："你的脸现在富有表情。为什么你当模特儿时不能这样富于表情呢？"

罗斯觉得奥古斯特太难缠了，但他那种认真劲又不禁使她动心。

奥古斯特又把罗斯带进工作室，让她坐在模特儿的椅子上。室内还有阳光，奥古斯特迅速地塑起来，手指好像自动地动作着。奥古斯特那丰富饱满的生命力像一股巨大的洪流，激起了罗斯感情的波澜。

罗斯深深地爱上了奥古斯特。她把自己省吃俭用节省下来的120法郎送给他，让他自己去弄个工作室。在朋友们的帮助下，奥古斯特在靠近他出生的地方找了一间旧马厩。旧马厩四处积尘，八面透风，屋顶漏雨，墙壁发霉，窗扇吱呀作响，门户呲牙咧嘴，但奥古斯特似乎很满意他们的新居。他告诉罗斯，哪儿是他工作的地方，哪儿是她摆姿势的地方。罗斯带只小皮箱搬进了新居。她做饭、洗涮、搞卫生，把奥古斯特的工具放在他随手可以拿到的地方。

在这个旧马厩里，奥古斯特紧张地工作着。他复制着一些人物雕像作为装饰品，塑造技巧不断提高。但是，他复制别人作品花的时间越多，创作自己作品的欲望就越强烈。他修改完成了罗斯的头像《偶像》。紧接着，他又以罗斯为模特，第一次创作裸体全身像。被他称为《女祭司》的这座塑像不断进展，他常常是不知劳累地工作着，而罗斯则毫无怨言地坐着。奥古斯特决心把《女祭司》塑完，然后送交1866年沙龙展出。

时间一个星期一个星期地过去，《女祭司》的塑像进展得很顺利。奥古斯特信心十足地对罗斯说：“罗斯，如果这尊塑像成功的话，我就有了一个可以与《美第奇维纳斯》相媲美的维纳斯了。”有一天，他正在塑像的时候，突然发现《女祭司》哪儿有点不太对头。他看了半天，觉得是把肚子塑坏了。奥古斯特摸摸罗斯的肚子，然后又摸摸《女祭司》的肚子，眉头皱得紧紧的。罗斯的肚子怎么这么大呢？

罗斯悄声说，她怀孕了，是大夫告诉她的。她以为奥古斯特一定会高兴的，想不到奥古斯特却发火了。他大声地喊道：“我跟你说过要孩子吗？就我们目前的状况，我们才刚刚够维持生活呀！”奥古斯特看看罗斯，是那样地无依无靠，孤苦伶仃；再想想自己的家，是那样的贫穷困苦。他痛心了：自己怎么能够承担得起哪怕再多一点的负担呢？

炒鱿鱼绝处逢生路

> 我做我力所能及的工作。我从没有说过谎话。我从没有阿谀我同时代的人。我所塑的胸像常常不能讨人喜欢，因为总是太坦率了。当然这些作品有一种好处，那就是真实性。但愿这种真实性成为这些作品的美点！
>
> ——罗丹

在泰蕾兹姨妈的热情关照下，罗斯顺利地生下了一个男婴——小奥古斯特。

当罗斯过了产期，恢复了健康，又可以摆姿势时，奥古斯特就接着继续塑那尊《女祭司》，但工作进行得很不顺利。小奥古斯特常常是不停地哭，而罗斯的精力一点也不集中。奥古斯特简直快要气疯了。这样折磨了几个星期，奥古斯特再也忍受不住了。他说服罗斯，把孩子送回家，让他的父母照看。

两位老人看到了自己的小孙子，乐坏了。爸爸一直担心奥古斯特会没有出息，还担心罗丹一家会后继无人。现在好了，自己有了孙子了。两位老人对罗斯

←塌鼻人

也非常有好感，他们让罗斯放心，他们会好好照看孙子的。

　　送走了小家伙，奥古斯特以极大的热情继续创作《女祭司》。他想把《女祭司》塑成一个放恣不羁、无忧无虑、充满生命力的女神。罗斯是他的良妻，也是他的仆人，还是他的模特儿。他塑完《女祭司》时，兴奋地对罗斯说："这个像会被展出的。"

　　一听说塑完了，想儿心切的罗斯马上问："现在我们可以去看小奥古斯特了吧？"他们已经有好几个星期没有去看孩子了。

　　一听说看孩子，奥古斯特突然来了灵感，说："不忙，以后再去。"

　　"为什么？"罗斯因为失望而几乎尖叫起来。

　　"把你的胳膊抬起来，就像正抱着孩子似的。"奥古斯特要把《女祭司》塑成一个母子像。

　　这个像又塑了几个星期。当奥古斯特把怀抱婴儿的《女祭司》给罗斯看时，罗斯激动得泪流满面。她从塑像中清楚地看到了自己和儿子相依为命的母子深情。奥古斯特拿出最后的一点积蓄，把这个塑像铸成铜像送给罗斯，作为她给《女祭司》做模特的酬谢。罗斯非常高兴，心里想，要终身珍藏这个宝贵的礼品。

　　几天之后，朋友凡天帮他拉了一笔生意：为一位

博士塑一个胸像。虽然价钱很低，只有100法郎，但奥古斯特还是很乐意地接收了。这是他的第一个订货单，他按照博士的形象，把他塑得像个胖胖的小商人。谁知博士一看，二话不说，抓起礼帽一下冲出屋子，加工费自然是一分也没有付。凡天知道这件事情后就对他说："我的朋友，你该把他塑得漂亮一点才是呀！"奥古斯特心里想：可是他长得并不漂亮呀！就说："你愿意那样干吗？"

后来，凡天给奥古斯特介绍了一位漂亮的年轻女士，还帮他出主意，要她先付钱。然而，这位女士比那位博士更糟糕。她一来就明确地表示，她只要一个简单的头像，准备花75法郎左右，而且希望把工作室搞得暖和一些，因为她非常容易感冒。

奥古斯特把仅有的一点钱都用来买材料了，开始为这位女士塑像的第一天就没有木柴生火。他让罗斯出门去找点引火的东西。罗斯从垃圾箱里捡回来两双破皮鞋，把它们扔进炉膛，想使快要熄灭的炉火重新燃烧起来。不一会儿，皮鞋烧起来了，发出一股难闻的臭味。罗斯赶紧往炉子上泼水，没想到这一下臭味更浓了。坐在屋里的那位女士大叫起来："我难受！"说着便晕倒了。他们吓得赶紧往女士头上泼凉水。女士苏醒过来了，却因此着了凉。女士临走时咬牙切齿

→ 无题

地说，她要控告奥古斯特损害了她的健康。

事实使奥古斯特认识到，再在这儿住下去，就不会再有顾主上门来定货。而没有顾主，他就没有钱，就会无法生活。他决定离开这个旧马厩。他终于找到了一间比较满意的工作室。

搬家时，他没钱雇车，只得通过爸爸借了一辆大车；他没钱雇匹拉车的马，只得请来凡天、雷诺阿、达鲁、莫奈、卢古罗和德加等一帮朋友替他搬。朋友们把塑像《塌鼻人》《女祭司》小心翼翼地装上大车，然后拿杂物的拿杂物，拉车的拉车，嘻嘻哈哈地往新工作室走去。不料，就在快要到了的时候，车轮突然裂开了，大车歪歪斜斜地滑脱而出，一头撞在一根路灯柱上。6英尺高的《女祭司》一下摔到路面上，摔成了碎块。

奥古斯特望着《女祭司》的碎块，他的心也碎了。这可是他最重要的作品啊！

《女祭司》毁了以后，奥古斯特一时难以创作，他决心设法多挣一些钱。他实在是太需要钱了。他找到老师勒考克，希望能帮助找个挣钱的工作。

勒考克把他介绍给卡里埃·贝勒斯当助手。

卡里埃·贝勒斯塑过一些大人物的胸像，名气大，订货单源源不断，自己应付不过来，因此就雇了一些助手帮他干。他对待助手就像对待仆役一样，但支付的工资很高。勒考克曾向他推荐过几个美术家，但他们都因无法忍受而干的时间都不长。勒考克介绍完这些情况后又提醒他的学生说："我希望你不至于被埋没了。你在雕塑方面有坚实的根基，如果让它化为乌有是非常可惜的。"

奥古斯特点点头。

卡里埃·贝勒斯肤色红润，五官丰满，长了一头长长的卷发，是那种典型的艺术家绅士。奥古斯特到来后，他和和气气地打过招呼，就让他立即工作。他把草图和设计图交给工长，由工长分给奥古斯特。奥古斯特就照着那些图做出泥塑模型。当这些模型被铸成铜像或者刻成大理石像时，卡里埃·贝勒斯就刻上自己的名字并立即卖出去。

奥古斯特当过装饰匠，技术娴熟，干起活来又很细致，卡里埃·贝勒斯就指派他雕塑用于闺房和客厅的小型裸体像。奥古斯特得到的钱比以往任何时候都多，但他却常常生气。他已经27岁了，连低级雕塑师的称号也没有得到。他不再创作自己的作品。因为自己创作的作品没有用。为此，他常常感到非常痛苦，觉得自己是在虚度年华。时间一晃，他在卡里埃·贝勒斯这儿一干就是3年。不间断的造型工作，使得他

的双手特别有力而灵巧。他可以闭着眼睛，塑出各种形态的模型。

1870年，法国和普鲁士打了起来。奥古斯特应征加入了国民自卫队。后来，德国人打赢了这场战争。当双方签署停战协议时，奥古斯特也离开了国民自卫队。他回到家里，发现饥饿正威胁着全家人的生命。病榻上的妈妈瘦得皮包骨头，已经卧床不起。爸爸显得苍老衰弱，仅能勉强走动。罗斯挑起了全家的重担。她对奥古斯特说："猫呀，狗呀，耗子呀，野草树根呀，什么都成了好东西。"更使奥古斯特惊奇的是，他的那些塑像，被罗斯保护得好好的。他仔细地察看了那些用心血凝成的作品。都用防止胶泥干裂的湿布盖着，仅有的几个铜像揩得干干净净，工作室里一点尘土也没有。奥古斯特异常激动，把罗斯拉到身边温存地吻着，表示深深的敬意和谢意。

可是，奥古斯特把巴黎都走遍了也找不到工作，看到全家人挨饿，他焦虑万分。这时，卡里埃·贝勒斯又来找他。战争刚刚爆发时，卡里埃·贝勒斯就把工作室搬迁到保持中立的比利时去了。现在，卡里埃·贝勒斯让他去布鲁塞尔工作。奥古斯特实在是没有别的办法了，只好远离亲人，出国谋生。

到了布鲁塞尔不久，法国爆发了内战。巴黎公社

→行走的人

社员，那些手工业者、工人、职员和店员，控制了巴黎，和拿破仑三世的凡尔赛军队展开了血腥的巷战。巴黎同外界的所有联系都中断了。他想回家去看看，但当时任何人都不许进入巴黎，这使他终日惶惶不安。

终于，他接到了罗斯托人带来的信。罗斯告诉他，家里几乎没一点儿吃的，没有一点儿钱。他看到信里没有提到那些塑像，便断定都已经被毁了。他当即给罗斯写了封信，求她把塑像的情况告诉他。罗斯很快寄来了回信。信中写道：你的那些塑像都安全无恙——我想，如果它们能充饥的话，我们可能早就把它们吞下肚子去了。……妈妈的身体越来越糟，我们认为主要是因为缺少食物的缘故。如果你能寄几个法郎的话，亲爱的，那就会帮我们大忙的。

塑像幸存，使他感到欣慰；家中那么缺钱，又使他感到痛苦。他所得的工资微薄得只够维持自己的生活，可不给家里邮钱全家人会饿死的呀！怎么办？情急之中，他突然想出了一个办法。

由于经验丰富雇主已经允许他按照自己的草图和设计进行雕塑，只是在出售给铜像铸造商比康先生之前，必须由卡里埃·贝勒斯亲自刻上自己的名字。既然卡里埃·贝勒斯能把我的作品当成他的作品，我又为什么不能伪造一下他的名字呢？他拿起榔头和凿子，

在刚刚塑完的一个塑像底座上刻上了卡里埃·贝勒斯的名字，当晚就卖给铜像铸造商比康先生，得到了75个法郎。

他赶快把钱寄回家中。罗斯很快回信，感谢他给家里寄了钱，还说，如果他能再寄一些钱回去的话，那就更好了。奥古斯特打算把另一个裸体像再送到铜像铸造商那里去。谁知，塑像还没有送出手，比康就把他"偷卖"塑像的事告发了。卡里埃·贝勒斯把他叫到办公室，指着那个由他刻上雇主名字的裸体像大声吼叫："罗丹，我可以叫你因伪造罪而下监狱！"卡里埃·贝勒斯以为奥古斯特会求饶，但奥古斯特什么也没有说，气得他又吼叫一声："马上离开这所房子，否则我就去叫警察！"

奥古斯特被解雇了，失业了。正在他走投无路的时候，曾在卡里埃·贝勒斯工作室一起工作过的一个同伴前来找他。此人叫约瑟夫·范·拉斯布，荷兰人，年纪比他稍大一点。他对奥古斯特说："我早就想离开卡里埃·贝勒斯了，但我需要有个人帮忙。"

"你想找个助手？"在这种时候，只要有人雇他，钱再少也会答应的。

"是搭伙，朋友。咱俩合伙干，我可以张罗找买主。在比利时卖出的作品都刻上我的名字，在法国卖

出的作品都刻上你的名字。"

"那我拿多少工资?"

"平分。我们是伙伴关系。"

"你知道我为什么被解雇吗?"

"我知道。"范·拉斯布哈哈大笑。"但是,究竟是谁伪造谁的作品呢?"

"我很感谢你对这个问题的看法。"奥古斯特决定与范·拉斯布合作,但他想回趟巴黎看看家里人,希望范·拉斯布先给他一部分钱。范·拉斯布给了他50法郎。这些钱虽然不够他回家去看看,但是寄回家去,就可以救活妈妈了。

范·拉斯布会做买卖,拉到了不少订货单,而且确实守信用,所赚的钱都是两人分配。只是所有的订货单都是比利时的,按规定,不管是谁塑的作品,都得署上范·拉斯布的名字,所以,罗丹的许多作品都刻上了范·拉斯布的名字,这些使他心里很不平衡。使他高兴的是,他在塑像时,不必像在卡里埃·贝勒斯工作室里那样,要按照别人的风格来塑,他完全可以按照自己的意愿来表现塑像所表现的力量、动态和灵魂,尽管设计图还是传统的那一套。何况,这个工作使他能够维持自己的生活了。

这期间,妈妈去世了。为了排遣孤寂的情绪,他

→永恒的偶像

让罗斯来到他的身边。为了开阔眼界，他又去阿姆斯特丹看伦勃朗的作品，去意大利看米开朗基罗的作品。米开朗基罗、伦勃朗，是他最崇拜、最倾心的两位大师。

陈列在阿姆斯特丹的国家博物馆里的那些伦勃朗的佳作，都是他从未见到过的。他细细地欣赏着，心里掀起一层一层的波浪。他发现，在伦勃朗的画中没有多愁善感的情调，所使用的黑色不只是一种色彩，而是有立体感、有深度的阴影。画中的世界并不显得那么美丽，相反，常常是丑恶的。更使奥古斯特激动不已的是，伦勃朗活着时曾蒙受巨大的耻辱，他被宣布是个破产者，是个失败的画家。然而，伦勃朗没有逃避人与命运之间的悲惨斗争，他继续作画，终于被人们称为大师。在大师的作品面前，奥古斯特平生第一次感到有一种压倒一切的冲动，促使他去搞新的创作。

在意大利的佛罗伦萨，奥古斯特参观了米开朗基罗的雕塑原作《大卫》。他惊讶地看着这尊裸体塑像，感到了一种纯粹的人体美。在以后的一个星期里，奥古斯特观看了他能找到的每一件米开朗基罗的作品，4个未完成的囚徒更使他着迷。他喜爱这些塑像的粗放，在它们的肉体上仿佛能够看出米开朗基罗的指纹。接着，他又去罗马。在西斯廷教堂里，他尽情地欣赏那些油画。当他仰身躺在地板上往上观看米开朗基罗创作的巨型顶壁画时，情不自禁地笑了：从一个正确的角度来观察事物该是多么重要啊！瞧，米开朗基罗对肌肉和血管位置的研究是多么细致入微呀！不管是什么姿态和动作，都是极为自然流畅。米开朗基罗，像上帝一样创造了自己的宇宙！

　　奥古斯特激动地站了起来，心里涌动着强烈的创作欲望。他必须创作出自己的作品。他要尽快返回比利时，尽快回到自己的工作室。

→风暴

地狱门通向阳光道

> 你们要有非常深刻的、粗犷的真情，千万不要迟疑，把亲自感受到的表达出来，即使和存在着的思想是相反的。也许最初你们不被人了解，但你们的孤寂是暂时的，许多朋友不久会走向你们——因为对一人非常真实的东西，对众人也非常真实。
>
> ——罗丹

　　从意大利回到比利时以后，奥古斯特就一头钻进工作室搞创作。米开朗基罗爱塑英雄人物，他决心不塑英雄人物，他要力求达到米开朗基罗相反的极端，塑普普通通的人物，让塑像自然而不受拘束的运动创造出人物的内心思想。奥古斯特胸有成竹地塑着，动作非常敏捷，胶泥在他的手里像是活了一样。不知不觉间，18个月过去了，一个被他命名为《被征服者》的裸体像完成了。这尊像和真人一般大，塑的是一个体型修长、多愁善感的青年——他站在那儿，右手痛苦地抓着脑袋，左手紧张地握着一根长杆。这是一个在战争中敢于面对失败的人。

模特儿奈伊是个孩子气十足的士兵。他做模特儿的费用是以小时计算的。现在，雕塑家已经欠他好几个月的钱了。不过，奈伊被雕塑家的塑像迷住了。奈伊打量着完成了的塑像，惊奇得睁大了眼睛，说："这是我所见过的最像活人的塑像。你把像展出以后，我都不敢在布鲁塞尔大街上走路了，每个人都会认出我的。"

奥古斯特又请范·拉斯布和罗斯来看这尊塑像。他们站在门口，惊奇得目瞪口呆。罗斯大声叫喊起来："太像真人了！"

奥古斯特说："从解剖学角度来看没有错。"

范·拉斯布说："罗斯女士的说法可能是正确的。奥古斯特，人们可能会被触犯的。"

《被征服者》送到布鲁塞尔沙龙后被接受了。可是，在展出时，却放到了展览馆的最后一间屋子里的一个黑暗的角落。当奥古斯特在范·拉斯布尔和罗斯的陪同下来到这里时，只见一群人在像前大声地笑着、讥讽着。不知是谁在塑像上挂了一块牌子，上面写着嘲讽的话："本铜像系按模特儿的肉体浇铸而成。"观众中有人大声说："这样活灵活现像个真人，肯定是用人的身体造型的——毫无疑问，用的是尸体。"

紧接着，在布鲁塞尔的各家报纸上相继出现了诽

←加莱义民（局部）

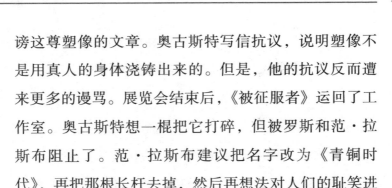

谤这尊塑像的文章。奥古斯特写信抗议，说明塑像不是用真人的身体浇铸出来的。但是，他的抗议反而遭来更多的谩骂。展览会结束后，《被征服者》运回了工作室。奥古斯特想一棍把它打碎，但被罗斯和范·拉斯布阻止了。范·拉斯布建议把名字改为《青铜时代》，再把那根长杆去掉，然后再想法对人们的耻笑进行"反击"。

奥古斯特觉得范·拉斯布讲得有道理，采取了他的意见，并当机立断回巴黎。他说："如果巴黎沙龙能够接受这件作品，那将证明我是对的。"他要把《青铜时代》送到巴黎去展览。

回到巴黎后，奥古斯特迫不及待地把《青铜时代》交给巴黎沙龙。几天以后，沙龙接受了《青铜时代》，这使奥古斯特喜出望外。可是，在展出的时候，他的作品还是被放在一间既靠后面又窄小阴暗的陈列室里，而且，再一次受到了公众的讥讽、辱骂。巴黎的一家报纸重复了布鲁塞尔报刊的言辞，说这尊像是用活人的身体浇铸出来的，并指责这尊像"庸俗、放肆、下流"。沙龙评选团被公众舆论弄得十分尴尬，就叫人把《青铜时代》搬出展室。

就在奥古斯特狼狈不堪的时候，他的老师——勒考克站在了他的面前。老师让学生把《青铜时代》放到他的工作室里，给予这尊塑像高度的评价："这件作品中有些新东西。在这方面你表现了勇敢和坚定，不禁使人耳目一新。这个像不只是一块石头，它是个动人的、有感情的人，是一个有生命的人。"后来，勒考克又陪同一个由5名雕塑家组成的评选团来看奥古斯特雕塑，以此来证明奥古斯特究竟是不是用活人做模型浇铸《青铜时代》的。

"你们想要个什么样的塑像呢？"奥古斯特问评选团。

"你愿意塑什么就塑什么吧。罗丹，我们并不要你塑出什么杰作来。"

"为什么不呢？"奥古斯特说。"我在《青铜时代》上花了18个月的时间，为什么不应该在一小时内塑出个杰作呢？"

即席创作开始了。他想起了一个意大利人，想起了那个人典雅而令人着迷的走路姿势。他决定塑这个人的走路姿势。他自如地塑着，安详地、敏捷地进行着创作，人物的结构似乎源源不断地从他的想象中涌现出来。他让塑像的一条腿跨前一步，又把躯干和另一条腿塑完，却不塑脑袋和胳膊。"作为一次即席创作，完了。"奥古斯特说。

评论员们看着罗丹塑像，一个个惊叹不已。有的

→埃马尔神甫

评论道："这是个真正的人，有生命，有运动，还有不加美化的真实感。罗丹的雕塑技巧是显而易见的，对此提出疑问是愚蠢的。"

评选团主席则说："《青铜时代》将重新展出。如果不引起骚动的话，政府将把它买下来。"

评选团走了，奥古斯特盯着被他称为《散步的人》的即席创作像，默默地说："胶泥先生，只有你才使我成为一个真正的人。"

奥古斯特租了个小棚当作工作室。他下了破釜沉舟的决心，只要他的钱能够维持下去，就要当一名专职雕塑家。每天，太阳一出来他就去工作室，直到太阳落山才回家。小奥古斯特在学校里学习很差，他没有心思，也没有耐心管管自己的儿子。他满怀信心地塑了《贝洛娜》去参加雕塑比赛，但在第一轮评选时就被淘汰了。眼看着他快40岁了，但仍然没有得到社会的承认。他一遍又一遍地对自己说：艺术，真是个没有同情心的美丽女郎。

然而，他只要活着，就要进行雕塑。他过着苦行僧的生活。他在煤气灯下的微弱灯光中苦苦地翻阅《圣经》以及但丁、波德莱尔、雨果和巴尔扎克等大家的作品，从中寻找题材。终于，他决定以《圣经》中的人物约翰为题材，塑《施洗者约翰》。他对这个圣徒

下了一个定义：是个英雄，又必须是个人。他塑约翰的时候，晚上常常不回家，他担心一离开自己的作品会失去创作的精力和劲头。直到模特儿累垮了，他才不得不放慢速度。他塑成的约翰，张着嘴，头发披散在脖子上，脑袋高高地扬起，显得庄重而威严，充满着一种崇高的信念。瞧着自己的作品，他情不自禁地赞叹起来：多好的塑像啊！

罗丹把《施洗者约翰》铸成铜像后，与《青铜时代》一起交给1880年沙龙展出。结果，两尊像都被接受了，而且展出时都被陈列在靠前面的一间宽敞明亮的展室里。更使奥古斯特高兴的是，《施洗者约翰》获得了第三名雕塑奖，而且被邀请到夏庞蒂埃夫人的沙龙去。这个沙龙，是法国艺术界和政治界头面人物的聚会处。能够进入这个沙龙，就说明得到了社会的承认，比获奖更能说明问题。

奥古斯特租了一套礼服、一顶礼帽，兴致勃勃地赴会了。在这次社交晚会上，经过上次"评选团"成员的介绍，他认识了大作家左拉、雨果，还拜见了国家领导人甘必大。甘必大非常喜欢罗丹的作品。他问道："你有兴趣为第三共和国塑些东西吗？"奥古斯特连忙说："先生，能创作您所委托的作品，我感到万分荣幸。"甘必大告诉他，政府计划在外交部附近建造一

个装饰美术博物馆，想请他雕个大门。甘必大还提出，去罗丹的工作室看看他的作品。

星期天，甘必大带着美术部长安托南来参观罗丹的工作室。他们看着《偶像》《贝洛娜》等一尊尊完成的和未完成的塑像，十分兴奋。甘必大动情地说："罗丹，你被认识得太晚了。"甘必大当即决定：卢森堡公园将买下《施洗者约翰》和《青铜时代》。紧接着，他们就讨论起雕塑装饰美术博物馆的大门该如何来选材的问题。最后决定，以但丁的《神曲》为依据，雕塑一座描绘地狱景象的门。如果设计方案通过了，政府将给他提供一个工作室。

几天以后，奥古斯特收到了购买《施洗者约翰》和《青铜时代》两尊塑像的款子，有4000多法郎，他一下子感到富裕起来了。但他没有时间去庆祝一下，他把自己整天关在工作室里，设计那份要交美术部审批的方案。他一遍又一遍地研读《神曲》，并以此审判当今时代。他觉得，现实生活就是那许许多多不可宽恕的罪行，他必须反映出这些罪行带来的烦恼和悔恨。人体是如此的美，但是，过度的淫欲、虚荣和贪婪却损害了它。他在草拟方案时，一个门变成了两个门，然后又变成几个门，通往地狱的门。

方案很快被批准了，给他的报酬是8000法郎。签

→埃娃·法尔发克斯肖像

订合同时先付2700法郎，其余将随着工作的进展逐步付给。政府还在大学大街给了他一间工作室，工作室明亮而宽敞，屋后还有一个很大的院子，有一个花园，还有两排栗子树。比起他原来简陋拥挤杂乱的工作室，简直是一个在天上，一个在地下，他还在另一条大街上又租了一个宽敞明亮的工作室。在这个"第二个工作室"里，他可以雕塑一些私人委托的胸像，在"第一个工作室"里则雕塑构思宏伟的《地狱之门》。在这间巨大的工作室里，堆满了黏土、赤土以及《地狱之门》的石膏工作模型。按打算，在《地狱之门》上至少要做个塑像。他以《施洗者约翰》的模特儿佩皮诺来塑亚当，用佩皮诺的相好利萨为模特儿塑夏娃。这对塑像是准备放在《地狱之门》顶上的。

一天，78岁高龄的恩师勒考克应邀来看《地狱之门》。学生在老师面前流露出一种畏难情绪，担心工程浩大完不成。勒考克说："也许。但想一想你能够塑造的所有那些单个塑像吧，它们会成为一个雕塑实验室。亚当和夏娃，还有其他人物，都将成为精美的单个塑像。即使你永远也完成不了整个作品，你也会拥有一个吸引人的群雕展览。"教师还提出，他想买一个罗丹的原作——比人体小的夏娃像。他并且预言，罗丹的塑像，买的人将越来越多，价格将越来越高。

就在奥古斯特为《地狱之门》奋斗时，81岁的爸爸病倒了，医生说他只能活几天了。奥古斯特整天陪着爸爸，看着整天昏昏沉沉躺着的父亲，他根据孩提时代的记忆，给爸爸画了一张油画像。爸爸去世后，奥古斯特带着罗斯搬进了新居，那是整幢房子。罗斯激动得叫了起来："我们能付得起房租吗？亲爱的？"奥古斯特说："视察员看过《地狱之门》后，他们会付给我钱的。而且，已经有人愿意委托我塑几个作品呢！"罗丹的名声日渐大起来了。

→在湖上

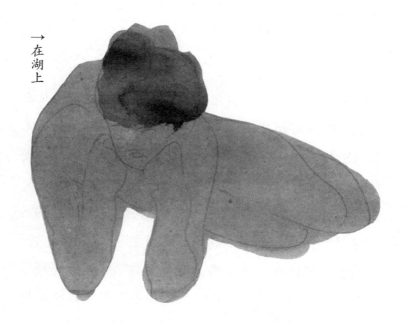

办联展荣获大勋章

你们不要浪费时间，在交际场中或政治圈里去拉关系。你们会看到许多同行，勾心斗角，谋求富贵——这些不是真正的艺术家；可是其中不乏聪明的人。如果在他们的地盘上打算和他们争名逐利，你们将和他们同样浪费时间，就是说耗尽你们的一生——那就再不剩一分钟的时间给你们去做一个艺术家了。

——罗丹

3年过去了，《地狱之门》远远没有完成，但是总算把它的最终形式确定下来了。这天上午，来自美术学院的视察员要来鉴定《地狱之门》的进展情况，他焦躁不安地等待着。《地狱之门》上的有些雕像已经完成了：背信弃义、结局凄惨的乌谷利诺、悲剧性的恶人保禄和弗兰西斯卡、回头的浪子以及很多挣扎着、扭曲着的裸体像。他觉得，地狱里的那些人物正经受着极度的痛苦。可是，他一想到视察员是美术学院里的人时，心里就感到一阵忧虑。美术学院可谓是他的宿敌，是优雅的古典风格的堡垒，而《地狱之门》却

集中了所有的淫荡和邪恶。他看着看着，又觉得有很多地方不满意，需要修改。现在小奥古斯特18岁了，全天在工作室干活，他就向儿子口述他要进行哪些修改。儿子记得很慢，无法记下他口述的内容。他想，应该有一位可靠的秘书。

好不容易等到视察员来了。奥古斯特把视察员领到《地狱之门》的前面。视察员仔细地察看了一个个塑像，随后说：“还没有完工吧？”

“没有完工。”

“你认为还要用多长时间？”

“2年，也许3年。”

“3年前你就这样说过。美术学院认为应当商定一个确切的日期。”

奥古斯特有些恼怒了，说：“这3年中我没有收到过任何款项。你们的付款也是大大落后于时间表了。”

视察员有点局促不安，说：“是这样吗？在过去的几年里，内阁的变动太频繁了。”

“我已经为《地狱之门》欠了不少债。”

“如果在一个月内你能得到另一笔款项，那么，你还需要多长时间才能塑完？”

“3年。不会更长了，我担保。”

接着，视察员开始评论《地狱之门》。奥古斯特简

← 达娜哀

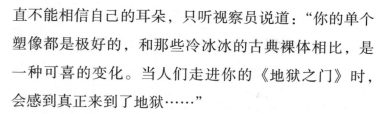

直不能相信自己的耳朵，只听视察员说道："你的单个塑像都是极好的，和那些冷冰冰的古典裸体相比，是一种可喜的变化。当人们走进你的《地狱之门》时，会感到真正来到了地狱……"

奥古斯特结结巴巴地说："我以为美术学院的观点是——"

视察员说："这是真正的艺术品。我要建议立即追加经费。"

果然，奥古斯特很快收到了7000法郎，这个数目可是超过了原来谈妥的款额；而且，政府还保证，还会给他更多的钱。

罗丹的工作室成了巴黎最活跃的工作室，他带了很多学生和助手。在众多的学生中，他最喜欢女学生卡缪·克洛代尔。

卡缪才20岁，长得非常漂亮，而且热情洋溢。罗丹觉得她做个雕塑家未免太漂亮了，就让她做秘书工作。卡缪答应可以帮助做些秘书工作，但必须同时学习雕塑。卡缪比罗丹所有的学生都刻苦，她主动地做打扫和清理的工作，立骨架和脚手架，还要做她自己的雕塑。罗丹对她要求很严格，对她的作品进行个别辅导。渐渐地，他发觉卡缪博学多才，没有传统偏见，两人的思想趣味相通。卡缪认为罗丹是她心目中的英

雄，她表示，她愿意跟着罗丹学习和创作，也愿意一连几个小时地为罗丹摆姿势当模特儿，这样会使她感到快活。在罗丹看来，卡缪那纤巧优雅的体态简直是个奇迹，卡缪是美的典型。他为能拥有这样的助手喜出望外。就这样，卡缪成了奥古斯特最为得意的模特儿。以卡缪为模特儿，他一连塑了好几个半身像，并逐一取名为《晨》《彩虹女神》《思》，然后又都一一刻成大理石像。

罗丹埋头雕塑，一干又是几年过去了，在他的手下又出现了许多塑像。其中他最得意的作品是石雕《永恒的春天》。这尊石雕用洁白的大理石雕成，沐浴着阳光的阿多尼斯斜倚在岩石上，拥抱着闪闪发光的宁芙。阿多尼斯是希腊神话中的美少年，宁芙是罗马神话中的小女神，罗丹别出心裁地把两个神话中的人物放在一起了。

除了自己搞创作，罗丹还接到了许多订货单，其中有两项足以使他感到骄傲。一项是请他雕塑雨果纪念碑。雨果是个伟人，是诗人、剧作家、小说家，又是政界的英雄。对许多法国人来说，雨果具有神奇的色彩。雕塑成的雨果纪念碑，将竖立在埋葬法兰西人的先贤祠前。

另一项订货来自加莱城，那是他经过竞争赢得了

→吻

一场比赛后才争到的。1347年，加莱城被英军围困了一年之久，最后城中粮食耗尽，被迫投降。英王准备夷平全城，杀绝全部居民。后来，英王同意不杀全城人，却勒令城中6个最高贵的市民自首，任胜利者屠杀。英王还提出要求，这6个人离城时要"光头、赤足、锁颈，以及把城堡的钥匙拿在手里"。这时，城里有6个人站了出来，他们自愿奔赴英军基地，决心以自己的牺牲来拯救全城市民的生命。全城人会集在广场上，用号啕和哀叫为他们送行。加莱城为了向这6位英勇献身的市民表示敬意，决定建立一座纪念碑。罗丹被这个故事深深地感动了，他以狂热的激情雕塑这座纪念碑。他翻阅历史资料，一遍一遍地背诵历史学家的有关描述："那6个市民，光着头，赤着脚，脖子上缠着绳索，手里拿着城堡大门的钥匙。他们向亲人告别，深知他们将永远不能再相见。"加莱城只要求塑一个像，为整个项目所付的钱也只够塑一个像。然而，罗丹却决定塑6个像。他在雕塑时，已经把钱的事忘得一干二净了，想的只是如何把这6位可敬的市民塑活。他要使历史题材中的人物在他的艺术里复苏。他手下出现的6个人。面对死亡都流露出一种庄重的神色，但各人又有各人特殊的生命；他们充满悲哀的身体披盖着尸衣，整座雕像宛如一座用石头雕就的人

类的圣墓。罗丹把它命名为《加莱义民》。

完成了《加莱义民》，罗丹又以极大的热情创作雨果的纪念碑。认识雨果，那是在他平生第一次参加的夏庞蒂埃夫人的沙龙上。在那次聚会上，他被将近80岁的雨果那丰满的嘴唇、充满了激情而下陷的双眼和布满皱纹的面容迷住了，他当时就想雕塑这颗脑袋，并向雨果提了出来，谁知遭到了雨果的拒绝。后来，雨果的情人德鲁埃在病重之时托人请罗丹为年迈的雨果塑个像，好让雨果整天与她在一起。德鲁埃女士与雨果相好了整整50年，罗丹为德鲁埃女士的一片痴情感动了。因为雨果不让人为他塑像，所以为雨果塑像是秘密进行的。罗丹的工作室安排在房间一侧的一个壁龛里，在壁龛和德鲁埃的病室之间，挂着厚厚的大幔帐，罗丹就藏在后面。当罗丹来到德鲁埃女士这儿时，他就可以一边偷偷地观察雨果，一边开始他的塑像工作。一个月之后，他用胶泥塑成了两个粗糙的雨果头像，但是，还没有等到完成这两个头像，德鲁埃女士就去世了。1885年，雨果也去世了，埋葬在先贤祠，有200万法国人参加了他的葬礼。为了雕塑好雨果的纪念碑，他认真地阅读关于这位大文豪的作品，又把读到的东西提炼出来，融合到他的作品里去。他认为雨果的一生的最高峰是他为反对小拿破仑的统治

而流亡格恩西岛的那段时间。他以此作为纪念碑的主题，雕塑的雨果正坐在大海边，与那块经受了几个世纪海水冲刷的巨岩浑然成为一体。罗丹不愿意给自然的东西披上外套，他雕塑的雨果全身赤裸，无牵无挂，就像大海和太阳一样。

雨果的塑像一干就是好几个月。罗丹的工作方法与众不同，不是把一项做完又去做另一项，而是同时进行好多项工作。正因为如此，《地狱之门》的创作速度很慢。几年来，罗丹收到的为《地狱之门》支持的款子总额已经有25700法郎，但是进展速度总是不能符合美术部里的要求。为此，美术部部长大为恼怒，但罗丹不但不为自己不能如期交出《地狱之门》而自责，反而理直气壮地说："我不能展出那些不能使我满意的作品！"

美术部部长警告他："罗丹，如果你再对我们推脱拖拉的话，你就会失去一切。"见罗丹没有回话，气得转身就走。罗丹呢，还是按自己的工作方法工作。

渐渐地，罗丹的雕塑作品多了起来。在他48岁的时候，他和法国画家莫奈一起举行了一次展览，罗丹高兴得简直有些不相信这是真的。这次联展，罗丹有36件雕塑展品，莫奈有70幅油画，对于他俩来说，可谓一次回顾性的个人作品展览。

↑加莱义民

在展览厅里，罗丹望着莫奈，发现这位朋友昔日英俊的面容已经皱纹纵横；乌黑的发须已经露出斑驳的白霜；曾是炯炯有神的双眼布满了忧伤和辛酸。莫奈，为了他的画，他曾忍受过难以想象的贫困，心爱的妻子是因为有了病无钱医治而抱憾死去，他本人也曾被生活逼得沿街乞讨。莫奈历经生活的磨难，但对绘画技艺始终是不懈地追求。他的作品一次次受人耻笑，他的参展作品一次次被人拒绝，然而，他从不阿谀奉承，从不妥协退缩。现在，莫奈的名气大了，人们纷纷想得到他的画。他想卖多少张画，就有人要多少张，罗丹很尊重这位朋友，从这位朋友的身世，想到了自己的身世，内心充满了无限的感慨。

他们的联展，盛况空前，引来众多的参观者。共和国总统卡尔诺、威尔士亲王爱德华，还有著名的法国小说家、作曲家、剧作家、诗人，都来参观。

卡尔诺总统看着《加莱义民》的塑像心情激动起来，一把抓住罗丹的胳膊说："他们多么令人感动啊，罗丹！加莱城应当为此而大为高兴的。"

罗丹听了总统的夸奖，不但没有高兴地予以致谢，反而硬邦邦地说："我还不能肯定，总统先生。我一直不得不把他们放在马棚里，等待加莱城下决心。我不得不接受私人订货以便有钱搞公家的雕塑。"

　　总统不高兴了，问他："《地狱之门》搞得怎么样了？罗丹，那些雕塑可是给你付了款的。"

　　"还没有完呢。"

　　"你的大多数作品都是没有完成的。"

　　"大自然有完成的时候吗，总统先生？"

　　"我是位工程师，我开始搞的工程都要搞完。"

　　"那就是我们之间的不同了。"罗丹毫不示弱。

　　站在一旁的威尔士亲王帮总统说话了："我听说《地狱之门》是巴黎最热门的话题，那是我的老朋友甘必大的得意项目，是吗，罗丹？"

　　"是的，殿下。"罗丹说。

　　"当时他是不是要求有个时间限制呢？"威尔士亲王又问。

　　"曾经讨论过这个问题，殿下。但你能命令一棵树在多少年里长成木材吗？"

　　罗丹照样是不依不饶，在常人看来简直是有些强词夺理了，但他自有自己的见解，而且这见解是谁也改变不了的。

　　美术学院院长纪尧姆也来参观了。他一看大文豪雨果的塑像被弄得一丝不挂，非常生气。他告诉罗丹，这个塑像使他感到震惊。罗丹不耐烦地解释说："我们都是一丝不挂的，正如塞万提斯所说的，'我赤裸裸地

来到人间，亦须赤裸裸地离去'。"

的确，罗丹是那样地喜爱人体。罗丹喜爱人体，完全是因为人体自身的缘故，而绝不是为了色情——人体对他来说，就像人的脸部一样，充满了表情。

罗丹的一些朋友自然也来参观，他们纷纷赞扬罗丹把自己的艺术融进生活的真实中去了。罗丹为自己拥有知音而感到高兴。最使他感动的是，他的恩师——87岁的勒考克老师也来到了展厅。教师非常消瘦，十分苍老，手上拿着一根粗粗的手杖。罗丹一看到老师，激动得热泪盈眶，赶紧跑过去搀扶。老师不要他搀扶，厉声地说："我能走。"

勒考克看了展厅里的所有展品。罗丹一直小心地陪着老师，对别的人理也不理。当他们走到雨果纪念碑前时，老师说："好！他们满意吗？"罗丹告诉老师，美术学院院长因为雨果塑像一丝不挂而很生气。老师说："不满意？那好。你现在已经入门了。"

勒考克边走边问："展览会的情况怎么样？"

罗丹回答说："来宾都是些高贵人物，但批评很多。"

老师的话总是那么尖刻、深邃而又充满着鼓励的激情："那很自然，预展时，来宾们都得证明虽然他们崇拜艺术，但是厌恶艺术家。当批评变得特别尖刻和

→雨果局部

刺耳时，你要记住：超群的能力是我们同代人最不能
饶恕的罪孽。"

听了老师的教诲，罗丹连声说："谢谢您！谢谢您！"

勒考克继续说："为了把沙龙和那一套体制推倒，
我放过不少枪，但是干得最漂亮的将是你和莫奈。你
们最终会受到各处的邀请。"

作品展览完了，话说完了，勒考克突然感到非常
地疲乏。罗丹赶紧把他扶到门口，又小心翼翼地把他
扶上马车，毕恭毕敬地目送恩师远去。

当时，总统也正好离开展览会，可是罗丹一点也
没有注意到，自然也就没有打招呼。当官员责备他怠
慢了总统时，他气愤了，说总统没有一点礼貌。

罗丹预感到这次展览又要失败了，但始料不及的
是，政府官员告诉他，罗丹、莫奈将被提名授予荣誉
大勋章。在这个展览结束以后，要把其中的一些作品
拿到国际博览会上去展出。

罗丹简直有些不相信自己的耳朵，他惊喜地说：
"那么说，我现在是位法兰西艺术家了？而且不再是个
诲淫的艺术家了？"

政府官员郑重地说："你是巴黎第一流的雕塑家。"

创杰作大师掀风波

> 所谓大师，就是这样的人：他们用自己的眼睛去看别人见过的东西，在别人司空见惯的东西上能够发现出美来。拙劣的艺术家永远戴别人的眼镜。
>
> ——罗丹

罗丹第一次接受了荣誉大勋章，终于得到了官方的承认。谁知道，这种承认又给他带来一系列的烦恼。

几天以后，美术部的一位官员来到他的工作室，告诉他说，公共建筑工程部长官已经代表巴黎市拒绝接受用于先贤祠的雨果像，原因是因为塑像是全裸体的。

罗丹听了大叫起来："不穿衣服的《雨果》像就是耻辱吗？"他又手指那尊石膏像说："看，他的躯干像岩石一样平滑、坚硬，他的身体就是力量的结晶。雨果会因此而高兴的。"

来人要罗丹给《雨果》穿上衣服，罗丹不同意，执拗地说："我可以在他的腰部围上一些东西，再不能

多了。"

来人又婉转地警告他：你的《地狱之门》还没有完成呢，有人提出要你把钱退回去。但是，如果能为《雨果》穿上衣服的话，我可以劝部里再等一段时间。还有，如果不愿意修改的话，就再把这个项目交给别人去完成。

罗丹不得不做出一些妥协和让步。经过谈判，雕塑两座纪念碑。其中一座是新塑的，将竖立在先贤祠前，那是穿衣服的《雨果》；另一座是原来塑的，只是将部分围上衣物，将竖立在卢森堡公园里。公共建筑工程部长官批准了加工模型，美术部还给了他一间更大的工作室。罗丹意识到，给他这点甜头，是想让他永远顺从官方的意见，但是，工作室却是他不能拒绝接受的东西。

雕塑《地狱之门》也给他带来了无穷的烦恼。他在上面雕了许多像，但是总觉得不够，总是要求多一些。他关于地狱的构思，一开始就十分庞大，随着他的年龄越来越大，这个构思已经变得浩大无边了。对于这一点，怎么能解释清楚呢？他痛苦地想道：要做一名国家雕塑家，就得当奴隶啊！他向人表示，以后再也不接受公家的项目了。

然而，当法国文学家协会向他订购巴尔扎克像时，

↑三个影子

他又以迫切的心情把这个项目接受下来了。助手卡缪提醒他："你说过你再也不接受公家的项目了。"罗丹回答说："没有哪位作家对我有更大的吸引力了。雨果、福楼拜、左拉、都德，都比不上他。巴尔扎克所描写的是我所了解的世界，我就是在那个世界里长大的。有谁能比巴尔扎克观察得更加细致入微呢？他的《人间喜剧》成了我的《圣经》。"激动过后，罗丹又变得悲哀起来。"但是，他们永远也不会允许我按照他的真实面目去雕塑的。他过度肥胖，有一个向外腆着的大肚子，双腿又粗又短，难看的大脸盘上长着一副厚厚的嘴唇，臃肿敏感，极端复杂，很难雕塑。接受这个项目可能是发疯。如果把它接受下来，我就需要投入我的全部信念、全部精力。我需要你做我的第一助手。"

塑巴尔扎克像，是用来纪念这位大文豪100周年诞辰的。罗丹同意用18个月的时间完成塑像。整个像高10尺，还有个底座，将安放在皇宫的前面。

罗丹让他的助手们跑遍了巴黎，寻找一位腆着肚子、身材矮小、双腿粗壮的模特儿。助手们找来的模特儿他都没有相中，但还是把其中几个留了下来，从中选些胳臂、腿和躯干部分。他设计了17个巴尔扎克的塑像，都是光着身子的站像。17个《巴尔扎克》一

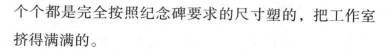

个个都是完全按照纪念碑要求的尺寸塑的，把工作室挤得满满的。

罗丹把助手们找来，让他们发表意见。助手们小心翼翼地看着这些塑像。他们知道，任何一句欠考虑的话都有可能激怒这位大师，但是任何有见识的批评，不管多么严厉，都会得到赞许。

助手们有的说这个好，有的说那个好，卡缪则认为各有各的特点。罗丹自己对哪一个都不满意。当天晚上，他通宵未眠，把这些塑像细细地研究了一遍，到黎明时否定了其中的10个。他又把卡缪找来，帮助他确定一个。卡缪问他："你喜欢哪一个？"他用手指了指一尊塑像——巴尔扎克跨骑在一棵又粗又大的树干上，光着的身子像是从大树上长出来似的。卡缪就说："那就选这个吧。你不是总跟我说：要按照自己直觉办事吗？"

模型就这样确定了。他突然发现了这座像的秘密所在：巴尔扎克的精力。他要表现出巴尔扎克的那种巨大的精力。

很快，18个月的期限到了，但《巴尔扎克》没有塑完。文学家协会说他没有履行合同，将要求退回1万法郎的预付费，罗丹要求延长6个月的期限，可是6个月后，《巴尔扎克》还是没有完成。罗丹告诉

他们："巴尔扎克是位伟大的作家，但他也是人。我将拿出一个雕塑最好的《巴尔扎克》，而不是一个塑得最快的《巴尔扎克》。这就是我履行了合同。"文学家协会的调停人只好再给他期限，问他说："罗丹，如果文学家协会不让步，那你怎么办呢？"罗丹不在乎地说："按我早就学会的办法办，不抱幻想，也不草草了事。"

正当罗丹全力雕塑《巴尔扎克》的时候，政府官员告诉他，为了把《加莱义民》铸成铜像并竖立在加莱城里，内政部决定在全国范围出售彩票来筹集资金。

1895年6月3日，加莱城举行了《加莱义民》的安放仪式。罗丹坐在主席台上，加莱城市民对他敬若上宾，还授予他荣誉市民的称号。

《加莱义民》真不愧为千古杰作。加莱城的市民们把这组塑像看成是他们自己的塑像。在他们的眼里，这几个义民，都是普普通通的平民，都是他们认识和了解的，然而，各个义民的个性又是那么鲜明，神态各异，一个个都获得了各自的生命。人们越看越接近塑像，越接近塑像就看得越仔细，这几个义民就与大家融为了一体。主席台上的罗丹坐不住了，走下台一步一步地朝塑像走去。人们自动地让开了一条路，谁也不说话，只用带着敬意的目光瞧着罗丹。

→思

　　《加莱义民》的巨大成功，使文学家协会决定再给罗丹延迟雕塑《巴尔扎克》像的时间。但一年期限过去了，《巴尔扎克》和《雨果》还是没有塑完。这两个像，他重塑了好几回，但是没有一个他认为能够拿出手的。为了给这些作品买材料，他早就把这两个像的预付款花完了，只得接受一些新的订货赚些钱。此外，他还根据自己的兴趣塑了一些作品，比如很富戏剧性的《蹲伏的女人》《老娼妇》，充满了热情和温柔的《俄耳浦斯和欧律狄刻》、《阿尔多尼斯和维纳斯》、《丘比特和普赛克》。他还为卡缪塑了个戴头盔的神态高贵的头像，命名为《法兰西》。

　　文学家协会对罗丹的一再拖延非常不满，对他下了最后通牒：立即交付塑完的《巴尔扎克》，否则就退回1万法郎预付款。经过一番周旋，罗丹答应在1898年沙龙展览会上展出《巴尔扎克》，文学家协会答应了。

　　就在这时候，罗丹的恩师、95岁的勒考克去世了。罗丹深感悲痛，心情也是极其忧郁。但是，他还是以旺盛的精力开始重新加工《巴尔扎克》。卡缪帮他找来一个模特儿，这是一个具有巴尔扎克的身材，而且相貌也与这位作家十分相似的屠夫。罗丹就根据屠夫的裸体进行创作。在沙龙展出的前几个星期，罗丹请卡缪审查他塑的《巴尔扎克》。卡缪提出，给巴尔扎克穿上长裤和背心是令人失望的，没有表达出巴尔扎克的力量，可以穿一件长袍。罗丹把长袍披在模特身上一看，这长袍把他从脖子到脚尖都包裹起来了。罗丹眼睛一亮，觉得卡缪说得对，随即把整座塑像都毁掉了。卡缪心疼地说："你怎么把整个作品都毁了呢？"罗丹大声地反驳说："我的创作就像冰山一样，看得见的只不过是八分之一。"

再一次重塑《巴尔扎克》时，罗丹的双手敏捷而准确地舞动着，毫无形状的泥团很快地变成了双脚、大腿，然后躯干逐渐上升，出现了大脑袋以及狮子鬃毛一样的头发，接着，又塑出了那件长袍。的确，这件长袍使巴尔扎克显得庄重而健美。罗丹把塑像放在一个50英尺高的基座上，塑出了最终定型的比真人大一倍的塑像，而且把它制成了石膏像。然后，他又把几个助手叫来，让大家提提意见。

助手布尔德尔是罗丹最好的学生，也是一位杰出的雕塑家。别人看《巴尔扎克》是盯着脑袋，布尔德尔的两眼却是盯着那两只手。

罗丹问布尔德尔："你不喜欢这双手？"

"我喜欢这双手。"布尔德尔说："头部是整个像的

焦点，长袍创造了自身的协调，这双手十分有力，但是……"

"但是这双手过于有力了？"

"我是这样看的。"

罗丹绕着《巴尔扎克》转了整整一圈，觉得布尔德尔的看法有道理，这双手是有点儿太突出了。他猛地一下把这双手砸掉了。卡缪浑身颤抖了一下——这可是几个星期的辛劳啊！

罗丹问布尔德尔："现在这尊塑像可以算完成了吧？"

布尔德尔说："完成了。"

罗丹把《巴尔扎克》交给1898年沙龙展出，人们都想去看一看《巴尔扎克》，发疯似地争夺预展的请帖。这次沙龙，简直可以称为"巴尔扎克沙龙"。展览会上还展出了其他一些人的作品。可是一开馆，几千名观众就涌进陈列室，把罗丹的作品《巴尔扎克》《吻》，围得水泄不通。

有人称《巴尔扎克》是尊伟大的塑像，有人却竭力否认。特别是那个文学家协会主席皮斯内居然说："巴尔扎克连手都没有！他用什么写书呢？我们看见的只有他的脚趾，难道他是用脚趾头写书的吗？"紧接着，一些报纸也登出文章进行刻薄的批评

←巴尔扎克纪念碑

和嘲弄，搞得罗丹无心工作。文学家协会拒绝接受《巴尔扎克》，巴黎市政厅也做出决定，不允许在市内任何地方竖立这尊塑像。但是，罗丹的一些朋友，还有一些很有名望的作家、画家和雕塑家，纷纷谴责文学家协会的做法。他们还成立了一个委员会，打算筹集3万法郎把《巴尔扎克》买下来。罗丹被深深地感动了。罗丹把《巴尔扎克》放在侔峒别墅的花园里。它像个幽灵似的独自矗立在那里，罗丹对此倒十分满意。

　　"巴尔扎克事件"使罗丹的知名度更高了，很多人都想买一个罗丹的作品，因此订货源源不断。只要他愿意干，损失能补偿，银行借款也能偿还。但是，《地狱之门》和雨果纪念碑还是没有完成。他告诉助手：把他所有现成的作品都卖掉，能卖多少钱就算多少钱。至于新的订货，暂时不要接受。他要创作，要创作出更多的令自己满意的好作品。1900年国际博览会，是巴黎规模空前的展览会，罗丹决定利用这个机会展出自己所有的作品，以此来回答他的反对者。他对罗斯说："《巴尔扎克》要在这里伴你一生，但它总有一天也会到巴黎去的。"

思想者巍然竖丰碑

> 因为艺术家感情丰富，不能想象一件东西不像他自己真有感情。在整个自然中他认为有一种伟大的意识和自己的意识相适应。没有一个活的机体，没有一件静物，没有一团天上的云，没有一棵园地上的绿芽，不向他倾吐秘密，蕴藏在一切事物下的无穷的秘密。
>
> 你看一看艺术的杰作吧！艺术的整个美，来自思想，来自意图，来自作者在宇宙中得到启发的思想和意图。
>
> ——罗丹

　　罗丹雄心勃勃地要把自己所有的作品送到1900年国际博览会上展出。始料不及的是，负责举办展览会的部门却拒绝给他安排地方，理由是他的雕塑作品不符合他们的主题——进步。几经努力，他获准建立自己的展览厅。在几位银行家的帮助下，他造了一座简单的白色建筑，在里面陈列了171件作品。别的展厅富丽堂皇，罗丹的展厅十分简陋。罗丹担心吸引不了几个观众。

　　开馆前几天，来罗丹展厅参观的人寥寥无几，

但是，很快，参观的人越来越多，越来越多。成千上万的人涌进罗丹展厅，都来看一看那座未塑完的《地狱之门》，都想看一看《巴尔扎克》。人人都想看一看，这些塑像是不是真的像所说的那样可怕。罗丹的展览厅成了人们都想去的地方。虽然仍然有人辱骂罗丹，但罗丹的作品一时成了国家的一大光荣。各国的博物馆争相购买罗丹的塑像。哥本哈根买了价值8万法郎的罗丹作品；费城博物馆买了以卡缪为模特儿的《思》；芝加哥博物馆买了以罗斯为模特儿的《吻》；布达佩斯、德累斯顿、布拉格和伦敦博物馆都从他那里买了更多的作品。一些私人收藏家更是向他提出了多得难以接受的项目。他不愿意接受这些项目，故意把价格说得很高。谁知，这样一来，他的作品反而更加具有诱惑力。他要价越高，收藏家买的就越多。得到一件罗丹的作品，成了人们生活中一件时髦的事情。国际博览会结束，他已卖出去价值超过20万法郎的雕塑品，扣除花费，净剩6万法郎。他再也用不着为钱而焦虑了。

　　一天，罗丹正准备加工那座已经雕塑了整整22年的《地狱之门》，忽然来了一位年轻人。年轻人自我介绍道："我是诗人莱茵纳尔·马利亚·里尔克。我正在写一本关于你的书，先生。"诗人还说，他的

→ 我是美丽的（局部）

妻子也是搞雕塑的，而且，谈论起罗丹的雕塑时显示出深刻的理解力，这使罗丹深受感动并大为高兴。罗丹把这位诗人留下，允许他随便出入工作室，为他的采访提供一切方便条件。

罗丹是个沉默寡言的人，但同诗人里尔克在一起时却能像老师对学生那样滔滔不绝地讲着。有一次，里尔克问罗丹："为什么你不把坐在《地狱之门》顶上的那个男性裸体像单独搞个塑像呢？""你指那个诗人吗？但丁吗？""他看起来不像个诗人。"罗丹随即坐下来思索这个问题。他用手依着下巴，两肘支在膝上，心里想：也许里尔克说得对。就在这时，里尔克突然叫了起来："先生，你现在的样子就很像，就像你这样用心思索。"

罗丹的心头立即闪过了一簇火花：思索，对了，思索就是斗争，而这个人正在用全部力量进行思索。罗丹随即造了个一人高的初制模型，命名为《思想者》。他把全部精力倾注在雕塑《思想者》上。他已经60多岁了，雕塑小作品仍然轻而易举，雕塑大型的作品却使他感到力不从心了。也许，《思想者》将成为他雕塑的最后一座史诗般的丰碑。他重新塑造了这个比真人还要大的人物像。塑像右臂支在左腿上面，这似乎是个很不自然的姿势，但他又觉得这

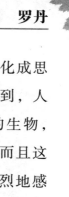

个姿势的紧张状态恰好表达了从兽类逐渐进化成思想者所必须付出的那种努力。他逐渐地认识到，人并不是一个为反抗腐败世界而斗争的文明的生物，而是一个为脱离动物状态而挣扎着的兽类，而且这种挣扎并不总是成功的。他在自己的身上强烈地感受到了这点，努力脱离兽类而变成一个思想者会带来多么巨大的负担。《思想者》就要显示出这种搏斗的艰巨和伟大。塑像的躯体魁梧粗大，两肩很有力量，脚和手硕大有力，着重表现了那种苦思冥想而坚定不屈的力。当《思想者》逐渐变得栩栩如生时，罗丹却越来越感到精疲力尽了。

罗丹请朋友卡里埃来审查《思想者》。卡里埃目不转睛地看着这尊塑像，好长时间后动感情地说："对我来说，他是第一个能够思索的人，而且这种艰难的尝试使他意识到了他同类的悲惨命运。去思索，去推理。那是多么艰苦的尝试，又是多么可怕的搏斗啊！他的肉体比灵魂更有力量，然而，正如他的肉体已经不再是黏土，他的灵魂也挣扎着要从泥土中显示出来。"

"这么说，你是喜欢它的？"罗丹心中的一块石头落了地。

"喜欢？不。"卡里埃回答说。"这个《思想者》

← 思想者

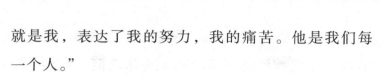

就是我，表达了我的努力，我的痛苦。他是我们每一个人。"

后来，《思想者》被竖立在巴黎市先贤祠前。这是罗丹的第一件矗立在巴黎市内公共广场上的作品。同时，美术部购买了一件根据《思想者》的石膏原型复制的塑像，作为来自法国的礼物赠送给纽约大都会博物馆。

那位给罗丹灵感的年轻诗人里尔克又一次来到罗丹身边，并且心甘情愿地为罗丹担任秘书。

爱尔兰大作家萧伯纳在妻子的陪同下来到巴黎，请罗丹为他塑个头像。罗丹被萧伯纳的面容迷住了。他用两脚规量萧伯纳的五官，量完后又让萧伯纳低头，查看了他的后脑勺和脖子；接着，又让他脸朝上，研究了他的前面的轮廓；然后，叫萧伯纳坐在同他视线相平的高度上，直到感到各方面都有把握了，才根据尺寸雕塑了10多个胶泥头像。这时罗丹说："这下我们有了五官相貌，现在我们必须找出他们的表情。"说完，罗丹用手指在萧伯纳的脸上摸了一遍，随即又在泥塑像上摸了一遍，随后就拼命地对其中一个头像进行加工，好像终于捕捉到了要表达的感情。但是，到了第二天，他又加工起其他几个头像来。萧伯纳觉得昨天塑的那个像挺好，就提

出自己的看法。罗丹说："我也一样，但是，在我试着用其他几种风格塑出的几个头像之前，我不能断定哪一个更好。"萧伯纳明白，对于罗丹来说，只要被雕塑的对象还活着，他的头像是永远也不会完成的，于是就说："我愿意把这个头像带回家去。"接着又说："那是世界上最伟大的雕塑家雕塑的最伟大的作家的像。"罗丹耸耸肩膀说："时间将对此做出裁决。"

过后不久，希腊国王来访问，想买几件罗丹的作品；接着，英国国王爱德华七世也要求罗丹为他的一位非常美丽、亲密的女朋友塑个半身像。

罗丹在得了第二枚荣誉大勋章后，又得到了第三枚，成了荣誉勋位第三级获得者。几年以

← 亚当青铜

→巴尔扎克的晨衣

后，罗丹又获得了牛津大学的荣誉学位。他与马克·吐温等世界名流坐在一起，身着漂亮的红丝长袍，头戴黑色的天鹅绒帽子，接受牛津大学授予他的荣誉博士学位。小时读书糟糕，又一直没有考进美术学院的罗丹，如今却成了博士，成了雕塑界大名鼎鼎的学者。

1880年，他搬进了比隆公寓。他深深地爱上了这幢已改成住宅的18世纪的优雅城堡，在这里找到了一个满意的工作室，并打算在这里度过自己的晚年。不料，国家决定要将比隆公寓卖给一家商号，通知他必须搬出去。罗丹几次去找总理克列孟梭，要求他出面阻止这件买卖。他对总理说："假如我把所有的作品都交给法国，作为一种交换条件，你认为我可以在比隆度过自己的残年吗？"

"过后再办个博物馆？"总理开始考虑这个问题。

"如果不认为我太自负的话，就叫罗丹博物馆吧。我将在为法国雕塑的每件作品上都签上名字。就按我现在出售的作品的价格来计算，你们也绝不会吃亏的。"

"你这样做仅仅是想住在那里吗？"克列孟梭为罗丹的慷慨感到吃惊。

"是的，而且这样一来，在我死后就会有一个罗

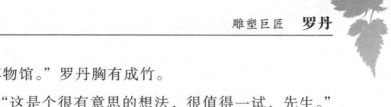

丹博物馆。"罗丹胸有成竹。

"这是个很有意思的想法，很值得一试，先生。"

罗丹的这个建议获得了很多人的支持，成了一个全国性的问题。人们纷纷说，再过几年，罗丹作品的价格就要超过买下比隆公寓所花的600万法郎；罗丹博物馆也将成为国家的财产。国家在做出最后决定前，允许罗丹继续居住在比隆公寓。

70多岁的罗丹身体状况越来越差。在过去几年中，他常感到剧烈的骨痛，有时一连几天，双手疼痛难忍，雕塑起来非常困难。后来，他终于倒下了，医生说患的是支气管炎，必须卧床休息几个星期。

更糟糕的是，1914年的夏季，战争爆发了。在短短的几个星期内，德国人打到了马恩，离侔峒不远了。政府命令罗丹撤走，罗丹是国家的财富，不能让敌人抓去。罗丹发现，自己成了法兰西的财产，觉得很有意思。罗丹到了巴黎，又到了伦敦，这些地方也不是避难的地方。直到战争平息，双方处于对峙的局面时，罗丹才被允许回到了侔峒。他要清理作品清单，要为教皇塑像，还要雕塑一些正在塑和还未完成的塑像，因此，虽然感到浑身疼痛，感到很累，却总是休息不下来。

有一天，他正在塑像的时候，突然眼前一黑，

←最后的罗斯

凿子落在了脚下。当他要把凿子捡起来时，却怎么也抓不住了。他的手麻木了。罗斯要去请医生，他不让去。失去雕塑能力，是罗丹最大的痛楚。他用那只仍能活动的手握住那只麻木的手使劲地往胶泥上堆，试着强使这只手恢复活力，重新变得柔软起来。可是，那只手还是无力地下垂，而且头疼得越来越厉害。终于，他昏倒了，得了脑溢血。

罗丹的身体一天比一天衰弱。1916 年 9 月 13 日，罗丹正式签字，把他在法国所有的艺术品都移交给国家，而国家则同意在比隆公寓建立罗丹博物馆。

罗丹竟有这么多的作品，连他自己也感到惊讶：56 个大理石石像，56 个铜像，193 个石膏像，100 件赤土塑像，2000 多张草图和素描；还有几百件有价值的古董，那是希腊和罗马以及古埃及的艺术品。根据协议，罗斯将得到侔峒和一笔相当大的生活费。

当时战争局势每况愈下，国内的悲观情绪日益增长。但在罗丹向国家赠送艺术品的第二天，众议院还是以 391 票对 52 票通过了接受遗赠和建立罗丹博物馆的议案。只是，对罗斯支付终身年金的事遇到了麻烦，因为根据登记情况，罗丹从未结过婚。文化部的官员告诉罗丹，要解决这个问题，大师必

须与罗斯女士结婚。

罗丹一生对3个女人特有感情，一个是青年时期认识的罗斯，一个是中年时期认识的卡缪，再一个是晚年时期搬进比隆公寓后认识的公爵夫人。卡缪崇拜他，追随他，要和他结婚，他拒绝了，卡缪就离去了，后来患了精神分裂症，罗丹常常为此感到痛惜。公爵夫人是奔他的钱财而来的，面目一旦暴露，也就为罗丹所不屑。罗斯一直忠心耿耿地跟随他，照顾他。罗丹的父亲在临死前对儿子说："你要对罗斯好一些。你答应同她结婚，行吗？"罗丹说："我不能答应这件事，但我答应要好好照顾她。"父亲固执地说："那不够。答应我，你和她结婚。"罗丹只得说："嗯……有一天，我会的。"

现在，罗丹当年许下的愿总算可以还了。

1917年元月29日，在他们的孩子出生50年以后，罗丹和罗斯在本区区长的主持下举行了婚礼。儿子作为证婚人之一站在他们身后。

结婚的第三天，罗丹咳嗽得很厉害。天气非常冷，可是家中没有一点煤，水管也在前几天冻裂了。罗丹和罗斯只能躺在被窝里取暖。据说，煤都运到前线去了，士兵们也在受冻。

婚礼举行后两个星期，身体虚弱的罗斯被活活

→ 攥紧的巨大的左手

冻死了。罗丹把自己的妻子葬在佯峒，葬在自己的身边。在埋葬的前一天晚上，罗丹把自己的手放在罗斯的手上，一动不动地坐在灵柩旁边。到了封棺的时候，他吻了吻罗斯，轻轻地说："多么美丽的雕塑呀！"

罗斯的墓碑上，刻着罗丹·罗斯的名字和出生年月。罗丹对人说："我希望能把《思想者》立在我们的墓前。"

在以后的日子里，天气渐暖，罗丹的身体稍有好转，他又把自己整天泡在工作室里。他不能雕塑，也不能画草图，但他又发现了自己的作品中还有那么多可以改进的地方，他渴望自己能够做这些事情。对罗丹来说，工作就是休息，发现也是工作的一部分。在他散步时，当看到一朵香菌，就会兴奋地说："这只需一夜，在一夜里，这些薄片全做好了。它工作得多勤！"当看到4头牛拉着一驾大车在田里慢慢地沉重地转动，就会神往地说："整个儿都是服从。"

那个奥地利的杰出诗人里尔克，曾经为写罗丹当了将近10年的义务秘书，直到第一次世界大战爆发才忍痛离开。有一次，罗丹对里尔克说："我开始了解了，这完全因为我很认真地不辞艰苦从事于一物。谁了解了一物，便什么都了解，因为一切都遵

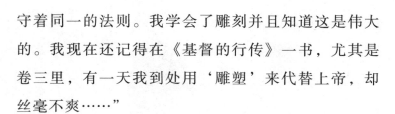

守着同一的法则。我学会了雕刻并且知道这是伟大的。我现在还记得在《基督的行传》一书，尤其是卷三里，有一天我到处用'雕塑'来代替上帝，却丝毫不爽……"

11月12日，在罗丹77岁生日的这一天，他又犯了支气管炎，再一次躺倒在床上。这一次倒下，再也起不来了。11月17日，罗丹闭目长眠，就像他自己创作的一尊雕塑作品。

罗丹去世后6天，他的宿敌——法兰西学院把他选为院士。随着时间的推移，罗丹的那尊《思想者》，成了现代世界最著名的塑像。

罗丹的"义务秘书"，诗人里尔克出版了《罗丹论》一书。里尔克在文章里总结道：

罗丹这种特殊的发展，不啻赐给这个混乱时代的各种艺术以一个暗号。人们终有一天会认识这位伟大艺术家所以伟大之故，知道他只是一个一心一意希望能够全力凭雕刀的卑微艰苦的劳动而生存的工人。这里面几乎有一种对于生命的捐弃。可是正为了这忍耐，他终于获得了生命，因为，他挥斧处，竟浮现出一个宇宙来呢！

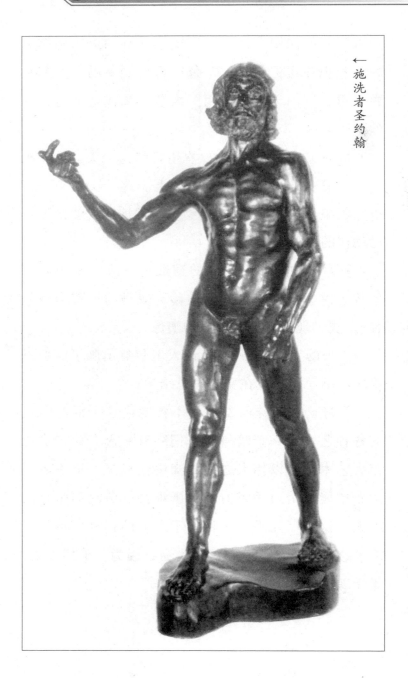

← 施洗者圣约翰